INTERPRETATIONSHILFE DEUTSCH

Arthur Schnitzler

Traumnovelle

Interpretiert von Klaus Gladiator

STARK

Bildnachweis
Titelbild: Szene mit Nicole Kidman und Tom Cruise aus Stanley Kubricks Spielfilm *Eyes Wide Shut* aus dem Jahre 1999, einer modernen Adaption von Arthur Schnitzlers *Traumnovelle*. Foto: © Cinetext
Seiten 2 und 97: © Cinetext
Seiten 5, 7 und 12: Deutsches Literaturarchiv Marbach
Seiten 23, 35 und 55: © ÖNB /Wien (Österreichische Nationalbibliothek)
Seite 45: © ullstein bild – The Granger Collection (Sigmund Freud, aufgenommen im Jahre 1922 von Max Halberstädt)
Seite 71: www.kulturundsprache.at
Seite 87: historische Postkarte, vor 1890

ISBN: 3-89449-756-4

Inhalt

Autor: Dr. Klaus Gladiator

Vorwort

Liebe Schülerin, lieber Schüler,

die *Traumnovelle* von Arthur Schnitzler fordert zur Diskussion von tiefenpsychologischen Fragen heraus, bietet einen Einblick in auch heute noch interessante gesellschaftliche Strukturen um die Wende vom 19. zum 20. Jahrhundert und ermöglicht die Begegnung mit einer außergewöhnlich subtilen erzählerischen Darstellungskunst.

Diese Novelle ist kein leicht verständlicher Text; die vorliegende *Interpretationshilfe* hat deshalb insbesondere den Zweck, Zugänge zum Text zu eröffnen, will darüber hinaus aber auch Anregungen für weiterführende Überlegungen geben.

Die beiden ersten Kapitel enthalten Informationen zur Biografie Arthur Schnitzlers, zur Entstehungsgeschichte der *Traumnovelle* sowie zur Entwicklung der äußeren und inneren Handlung (Inhaltsangabe).

Im darauf folgenden Hauptteil werden die Personen, die Struktur und Form des Werks, zentrale thematische Aspekte und die erzählerische Gestaltung näher beleuchtet. Die anschließende Interpretation von zwei Schlüsselstellen soll Möglichkeiten einer genaueren Deutung aufzeigen.

Nach knappen Anmerkungen zur Rezeption und Wirkung der Novelle schließt der Band mit Hinweisen auf weiterführende Literatur ab.

Klaus Gladiator

Einführung

Seit den Zeiten des Alten Testaments *(Joseph der Traumdeuter)* und wahrscheinlich seit noch früherer Vorzeit ist das **Thema „Traum"** Gegenstand von Überlegungen, Gesprächen, Erzählungen und Betrachtungen gewesen. Autoren wie zum Beispiel Novalis *(Nächtliche Fantasien* in *Heinrich von Ofterdingen)*, Friedrich Hebbel (*Über Nacht träumte mir ...*, in den Tagebüchern), Franz Kafka *(Ein Traum)*, Georg Trakl *(Sebastian im Traum)*, H. C. Artmann *(Grünverschlossene Botschaft. 90 Träume)* und viele andere haben sich von dem Geheimnisvollen, extrem Individuellen, Fantastischen, der schweren Zugänglichkeit von Traumwelten inspirieren lassen. In der Wissenschaft, genauer, in der Psychologie, ist das Thema „Traum" erst mit **Sigmund Freud** (1856–1939) in den Vordergrund gerückt. In seinem 1900 erschienenen Werk *Traumdeutung* hat er darauf aufmerksam gemacht, dass die wirkliche Bedeutung von Träumen in ihrem latenten Inhalt liegt, in den unbewussten Impulsen und Wünschen, deren offene Befriedigung misslungen ist und die nun in verschleierter Form im Traum erscheinen. In Kenntnis der Schriften Freuds, aber dennoch als völlig eigenständiges Werk, hat **Arthur Schnitzler** (1862–1931), der Freud sehr schätzte und von ihm ebenfalls sehr geachtet wurde, seine *Traumnovelle* geschrieben (vgl. *Interpretationshilfe,* S. 11 f.). Freud und Schnitzler waren sich im Hinblick auf die „Wahrheiten des Unbewussten" sehr einig, ohne viel persönlichen Kontakt zueinander zu haben. Wie Freud war Schnitzler sich sicher, dass sich im Traum das Unbewusste artikuliert, und deshalb konnte er in einem Tagebucheintrag von 1919 auch feststellen: „Wie wir im Traum zu letzten Gefühlswahrheiten kommen, deren sich im Wachsein unsre Eitelkeit schämt – die für das Wachleben kaum wahr sind!"[1] Dieser Gedanke ist bestimmt eine wichtige Voraussetzung für die Konzeption der *Traumnovelle* gewesen. Auch wenn es nach Freud noch zahlreiche weitere Versuche gegeben hat, das Phänomen des Traums wissenschaftlich zu erforschen, so gelten die Einsichten Freuds (und Schnitzlers!) auch heute noch als grundlegend. Eine Auseinandersetzung mit der *Traumnovelle* setzt daher eine gewisse Kenntnis grundlegender Mechanismen der **Traumdeutung Freuds** fast zwangsläufig voraus.

In diesem Zusammenhang wäre es natürlich auch sehr interessant, den Film **„Eyes Wide Shut" von Stanley Kubrick** (1999) anzusehen. Der Regisseur wurde von Schnitzlers *Traumnovelle* zu der Verfilmung angeregt, hat zahlreiche Elemente daraus übernommen, den Stoff aber doch höchst eigenständig und teilweise sogar provokativ interpretiert. Eines zeigt die Verfilmung auf jeden Fall: die Aktualität der **psychoerotischen Thematik**, die ja auch eine wesentliche Rolle in der *Traumnovelle* spielt.

Nicole Kidman als Ehefrau in Stanley Kubricks Film „Eyes Wide Shut" (1999)

Man darf Schnitzlers Erzählung aber, trotz ihres Titels, nicht auf das Phänomen des Traums reduzieren. Es geht in ihr um **schwierige Fragen in einer Beziehung**, um Entfremdung und Verständnis, um Verdrängung und Offenheit, um eine Krise und deren (vorläufige) Bewältigung, nicht zuletzt aber auch um Selbstprüfung, Selbstentdeckung und Selbsterkenntnis. Für solche Fragen bildeten grundlegende Zweifel an der Verständnisfähigkeit der Menschen, Skepsis gegenüber den Selbstheilungskräften der Gesellschaft sowie eine stark verfeinerte Wahrnehmung der Wirklichkeit den Kontext. Dieser Kontext war spürbar im Denken vieler Autoren des **Wiener Impressionismus**, zum Beispiel bei Arthur Schnitzler und Hugo von Hofmannsthal, doch auch bei modernen Autoren wie etwa Botho Strauß oder Peter Handke sind vergleichbare Ansätze festzustellen; die einschlägigen Probleme stellen sich immer wieder neu.

Vieles von dem, was den Handlungsablauf in der *Traumnovelle* bestimmt, ist aus einer personalen Perspektive, derjenigen Fridolins, und daher subjektiv dargestellt. Die gegen den Naturalismus gerichtete und besonders bei Dichtern wie Hofmannsthal, Rilke und Musil festzustellende Tendenz zu einer Schwerpunktverlagerung vom Objektiven zum Subjektiven, von **außen nach innen**, findet bei Schnitzler einen speziellen Ausdruck, und zwar in der „inneren Rede", realisiert als „**innerer Monolog**" oder „**erlebte Rede**". Schnitzler hat mit seiner Erzählung *Leutnant Gustl* (1900) den „inneren Monolog" als Erzähltechnik in die deutschsprachige Literatur eingeführt und natürlich auch in vielen Passagen der *Traumnovelle* verwendet. So gesehen, markieren Schnitzlers Erzählungen eine wichtige Etappe auf dem Weg zur modernen Erzählkunst.

In der *Traumnovelle* geht es scheinbar ausschließlich um einzelne Menschen, deren Zusammenleben und deren Nöte. Dennoch werden auch gesellschaftliche Probleme angedeutet. Diese betreffen Grundpositionen der bürgerlichen Gesellschaft wie etwa den Herrschaftsanspruch des Mannes, dem verfallen zu sein Schnitzler persönlich einräumte. Die Konzeption der Hauptpersonen und ihres Verhaltens sowie die Gestaltung der eigenartigen Vorgänge in der geheimnisvollen Villa lässt sich als kritische Stellungnahme des Autors gegenüber diesem männlichen Herrschaftsanspruch – und damit auch der eigenen Lebenspraxis – lesen. Auch dieser **gesellschaftskritische Aspekt** macht die *Traumnovelle* noch 80 Jahre nach ihrem Erscheinen zu einer anregenden, aufregenden und sogar herausfordernden Lektüre.

Biografie und Entstehungsgeschichte

1 Biografie

Arthur Schnitzler, um 1912

Am 15. Mai 1862 wurde Arthur Schnitzler als ältestes von drei Kindern des jüdischen Arztes Dr. Johann Schnitzler und seiner Frau Louise, geb. Markbreiter, im 2. Wiener Bezirk geboren.

Die Familie fühlte sich großbürgerlich-liberalen Wertvorstellungen wie auch einem wissenschaftlich-zivilisatorischen Fortschrittsdenken verpflichtet und stand dem Zionismus und anderen religiösen oder nationalen Ansprüchen stets sehr reserviert gegenüber.

Dies galt später in besonderer Weise für den ältesten Sohn, der als Autor gleichwohl stark unter antisemitischen Anfeindungen zu leiden hatte.

1879 legte Arthur Schnitzler am Akademischen Gymnasium mit Auszeichnung die Reifeprüfung ab und begann, entsprechend den Wünschen seines Vaters, im Herbst des gleichen Jahres mit dem Studium der Medizin an der Universität Wien. Bereits drei Jahre später konnte er seine medizinischen Kenntnisse als Einjährig-Freiwilliger in einem Wiener Garnisonsspital praktisch umsetzen; gleichzeitig erwarb er das Offizierspatent (welches ihm 1901 nach einem Eklat um seine Erzählung *Leutnant Gustl* wieder aberkannt wurde). Nach der Promotion zum Dr. med. (1885) wurde Schnitzler Assistenzarzt und etwas später Sekundararzt im Allgemeinen Krankenhaus sowie in der Polyklinik. In dieser Zeit interessierte er sich sehr stark für psychiatrische und psychopathologische Probleme, was sich auch in einigen medizinisch-journalistischen Arbeiten niederschlug.

Bereits ab 1880 unternahm er erste literarische Versuche, die teilweise, ab 1886 auch schon regelmäßig, veröffentlicht wurden (etwa Skizzen und Prosa in der *Deutschen Wochenschrift)*, doch konnte er als Autor in dieser Phase noch nicht wirklich auf sich aufmerksam machen. Wertvolle Impulse für sein literarisches Schaffen erhielt Schnitzler durch Olga Waissnix, die er 1886 in Meran kennen gelernt hatte und der er bis zu ihrem Tode (1897) verbunden blieb, obwohl das „Abenteuer seines Lebens“ (Schnitzler), seine große Liebe zu ihr, aufgrund ihrer Lebensumstände (sie war verheiratet) keine endgültige Erfüllung finden konnte.

Ab 1890 wandte sich Arthur Schnitzler – nach starken Selbstzweifeln und gegen den Willen seines Vaters – endgültig der Literatur zu. Zwar gab er seinen Arztberuf noch nicht auf, jedoch verließ er nach dem Tod seines Vaters 1893 (dessen Assistent er gewesen war) die Polyklinik und eröffnete eine Privatpraxis, die ihm wesentlich mehr Freiheit als bisher für seine schriftstellerischen Arbeiten ließ. Im Zuge dieser Entwicklung kam er auch in Kontakt zu Literatenzirkeln in Wien und insbesondere zu bedeutenden Vertretern der Wiener Moderne, so zu Hugo von Hofmannsthal, Felix Salten, Richard Beer-Hofmann, Hermann Bahr und Karl Kraus. Dies und seine ersten Erfolge auf dem Theater – mit dem Einakter-Zyklus *Anatol*, 1890, und dem sozialkritischen Stück *Das Märchen*, 1893, das bereits den ersten von vielen noch folgenden Schnitzler-Skandalen hervorrief –

bewirkten, dass er in literarischen Kreisen zunehmend Anerkennung fand. Privat hatte Schnitzler seit 1889 eine Liaison mit der Schauspielerin Marie („Mizi") Glümer. Aber auch die große Adele Sandrock (welche die Hauptrolle in der Uraufführung von *Das Märchen* spielte) und die Gesangslehrerin Marie Reinhard hinterließen einen nachhaltigen Eindruck bei dem Bonvivant und Frauenliebhaber Arthur Schnitzler.

Arthur Schnitzler im Jahre 1878

Der literarische Durchbruch gelang Schnitzler mit dem 1895 am Wiener Burgtheater uraufgeführten Trauerspiel *Liebelei*, in dem – zumindest bei der zentralen Figur Christine – die Vorstellung eines unzerteilten und letzten Endes auch unzerteilbaren Lebens, fokussiert auf die Liebe, im Mittelpunkt der Handlung steht. In den Jahren zwischen 1894 und 1896 machte der Dichter auch erstmals mit Erzählungen (zum Beispiel *Blumen*, *Sterben*) auf sich aufmerksam. Gleichzeitig begannen die für alle Beteiligten äußerst wertvollen Briefwechsel mit Otto Brahm, dem Direktor des Deutschen Theaters in Berlin, und mit dem dänischen Literarhistoriker Georg Brandes. Im Zentrum von Schnitzlers Schaffen standen in dieser Zeit aber weiterhin die Bühnenstücke, in denen er mehrfach Themen aufgriff, die in der österreichischen Gesellschaft mehr oder weniger tabuisiert wurden, so zum Beispiel die Problematik eines überholten Ehrenkodex mit der Konsequenz der Duellverweigerung, die Eigentümermentalität des Mannes gegenüber der Frau oder die freie Liebe. Am meisten Aufsehen erregten dabei Stücke wie *Freiwild* (1896), *Das Vermächtnis* (1898), *Der grüne Kakadu* (1899) und nicht zuletzt die bereits 1896/97 entstandene, aber erst 1912 uraufgeführte, erotisch sehr freizügige Szenenfolge *Der Reigen*, von Hofmannsthal als Schnitzlers bis dahin „bestes Buch" bezeichnet. Es verwundert nicht, dass der Autor mit diesen Werken keineswegs den Beifall der überwiegend engstirnigen, erzkonservativen und immer wieder auch antisemitischen Literatur- und Theaterkritik fand; diese Attacken konnten aber nicht verhindern, dass er von anerkannten Literaturkennern zunehmend als einer der führenden österreichischen Autoren angesehen wurde. Dazu trug wohl auch seine überaus differenzierte, bis ins Letzte verfeinerte Sprache bei.

Zu den bekanntesten Werken Schnitzlers zählt bis zum heutigen Tag die Erzählung *Leutnant Gustl* (1900), eine sehr subtile Studie über einen an sich durchschnittlichen k.u.k.-Offizier, dessen weitgehend sexuell bedingte, ihm selbst aber nicht einmal bewusste Aggressivität sowie seine moralisierende Borniertheit eine Grundtendenz des imperialistischen Staats widerspiegeln: die gewaltsame Realisierung des Expansionsdrangs.[2]

Stilistisch ist die Erzählung ein Meilenstein auf dem Weg des „inneren Monologs" zu seiner zentralen Bedeutung für die moderne Erzählkunst. Mit diesem Stilmittel gelang es dem Dichter, Schichten des Bewusstseins erkennbar zu machen, die bis dahin noch nicht ausgedrückt werden konnten. Die deutliche Gesellschaftskritik in dem Werk trug seinem Verfasser den bereits erwähnten Verlust seines Offiziersrangs als Oberarzt der k.u.k.-Armee ein, weil er die „Standesehre" und das „Ansehen der österreich-ungarischen Armee geschädigt und herabgesetzt" habe.[3]

In der Erzählung *Frau Berta Garlan* (1901) und in dem Roman *Der Weg ins Freie* (1908) setzte Schnitzler mit der „erlebten Rede" einen weiteren stilistischen Akzent zur Verdeutlichung innerer Vorgänge. Der Roman, ein Bild von Wien und seinen Menschen, führte zu einer längeren Entfremdung zwischen dem Verfasser und Hugo von Hofmannsthal, der sich durch einige Anspielungen persönlich getroffen fühlte.

Die Jahre bis zum Ersten Weltkrieg können als diejenigen bezeichnet werden, in denen Arthur Schnitzlers literarisches Ansehen seinen Zenit erreicht hatte. Privat verlief sein Leben nach der Heirat mit Olga Gussmann (1903) nun in verhältnismäßig ruhigen Bahnen, seine Stücke und Erzählungen fanden auch außerhalb Österreichs große Resonanz (zu seinem 50. Geburtstag erschienen bei S. Fischer *Gesammelte Werke*), mit seiner wirtschaftlichen Situation konnte er zufrieden sein; 1910 kaufte er ein eigenes Haus in der Wiener Sternwartestraße. Die bekanntesten Werke in dieser Phase waren Dramen: *Das weite Land* (1911), die Tragikomödie eines fehlgeschlagenen Emanzipationsversuchs, und *Professor Bernhardi* (1912), ein Problemstück um das Scheitern eines humanen jüdischen Arztes. Schnitzler bediente sich – speziell in seinen großen Dramen – häufig der Technik der Andeutung, er reihte Episoden und Skizzen aneinander und ließ hinter äußerlicher Beherrschung und souveränem Auftreten innere Unruhe, sehnsüchtige Erwartung, Melancholie und Enttäuschung der Menschen erahnen. Auch seine Sprache, ein zumeist eleganter, unverbindlich erscheinender Konversationston, verbirgt dennoch keineswegs die große seelische Spannung der Personen in entscheidenden Situationen. In Schnitzlers Werk äußert sich immer wieder das Lebensgefühl der *Décadence*, des *Fin-de-siècle* (das um die Jahrhundertwende von Frankreich ausgegangen war), eine Agonie des Gefühls, die Klage um die schnelle Vergänglichkeit des gerade deswegen auch rauschhaft genossenen Augenblicks. Damit lag Schnitzler mit seinen Erzählungen und Theaterstücken auf einer ähnlichen Linie wie etwa Hugo von Hofmannsthal, Robert Musil, Georg Trakl und Joseph Roth. Im Gegensatz etwa zu Trakl verwies Schnitzler aber immer wieder auf Möglichkeiten, zu neuen Ufern aufzubrechen und Depressionen zu überwinden, was sich besonders in der *Traumnovelle* zeigt. Kaum Probleme hatte er mit dem 1918 vollendeten Untergang der k. u. k.-Monarchie, denn mit ihrem Erscheinungsbild, ihren Repräsentanten und ihrem Weltverständnis hatte er sich nie identifizieren können.

In den letzten fünfzehn Jahren seines Lebens verlegte Arthur Schnitzler das Hauptgewicht seines Schaffens auf die Prosa, wenngleich auch in dieser Phase noch einige Dramen (zum Beispiel *Fink und Fliederbusch*, 1917, und *Komödie der Verführung*, 1924) veröffentlicht und uraufgeführt wurden.

Von den Erzählungen, die nach 1917 erschienen, sind *Casanovas Heimfahrt* (1918), *Fräulein Else* (1924), *Traumnovelle* (1925) und *Therese, Chronik eines Frauenlebens* (1928, Roman) die bekanntesten. In diesen Texten zeigt sich in hohem Maße, wie genau Schnitzler schwierige seelische Befindlichkeiten erfassen und darstellen konnte. Ganz besonders waren es dabei Frauen und Mädchen, deren unstetes, von Widersprüchen zwischen Wünschen oder Träumen und gesellschaftlicher Wirklichkeit bestimmtes Leben seine Aufmerksamkeit fand. Bevorzugtes Kunstmittel war hier wie bereits in früheren Werken der „innere Monolog". Neben der Prosa wandte sich der Dichter in seinen letzten Lebensjahren auch dem Film zu, also einem seinerzeit noch recht neuen Medium. So entstanden unter seiner Mitwirkung unter anderem die Stummfilme *Liebelei* (1927), *Freiwild* (1928) und *Fräulein Else* (1929).

Auch wenn dies nach außen nicht immer sichtbar wurde, so spielte doch seit dessen Brief zu seinem 60. Geburtstag Sigmund Freud, der Begründer der Psychoanalyse, während einiger Jahre eine bedeutende Rolle im Leben und Denken Arthur Schnitzlers (vgl. *Interpretationshilfe,* S. 45 f.), auch wenn das Verhältnis zwischen dem Psychologen und dem Dichter immer etwas distanziert blieb.

Schnitzlers persönliche Lebensumstände entwickelten sich gegen Ende seines Lebens nicht gut: Nach der Scheidung von seiner Frau Olga (1921) war es insbesondere der Freitod seiner Tochter Lili (26. 7. 1928), der ihn zu der resignierenden Feststellung veranlasste: „Mit jenem Julitag war mein Leben doch zu Ende".[3] Am 21. Oktober 1931 starb Arthur Schnitzler in Wien an den Folgen einer Gehirnblutung.

Von den zahlreichen Quellen zur Biografie Schnitzlers sind die Briefwechsel mit Hugo von Hofmannsthal, Otto Brahm und Max Reinhardt, seine Autobiografie *Jugend in Wien* sowie sein Tagebuch 1879–1931 hervorzuheben.

2 Entstehungsgeschichte

Bereits 1899 griff Schnitzler das Thema „Traum und Wirklichkeit", dem ja in der *Traumnovelle* eine entscheidende Bedeutung zukommt, in seinem Einakter *Paracelsus* auf. Gleichzeitig lässt das Stück die hohe Wertschätzung des Autors für die Psychologie erkennen, wobei aber auch nicht zu übersehen ist, dass er bereits damals, also lange vor seiner näheren Bekanntschaft mit Sigmund Freud und dessen Werk, die moderne Seelenheilkunde eher kritisch beurteilte, da sie dazu verführen könne, die Verantwortung für das eigene Handeln an das Unbewusste zu delegieren.

1907 entstand ein erster Entwurf zur *Traumnovelle*, einem der ganz wenigen Werke Schnitzlers, das nicht mit einer Katastrophe für eine der zentralen Personen oder zumindest mit einem deprimierenden Fazit endet. Schnitzler hatte zu diesem Zeitpunkt sein Interesse schon von dem interessanten psychologischen „Fall" auf die Bedingungen verlagert, unter denen menschliches Zusammenleben stattfindet. Die psychologische Analyse sollte dazu beitragen, Hintergründe und Ursachen zu erhellen, sie sollte Mittel sein und nicht Ziel. Erst mehr als fünfzehn Jahre später, 1924, stellte der Dichter die Erzählung fertig, der er den Arbeitstitel *Doppelnovelle* gegeben hatte. Kurz darauf erhielt sie ihren endgültigen Titel und wurde schließlich 1925 mit großem Erfolg in der Berliner Zeitschrift *Dame* und 1926 als Buch bei S. Fischer veröffentlicht.

Arthur Schnitzler, nach 1910

Es gibt keinen Zweifel daran, dass Schnitzler die wichtigsten Werke Freuds bekannt waren, etwa *Die Traumdeutung, Darstellung der Psychoanalyse, Über Träume und Traumdeutungen* sowie die *Drei Abhandlungen zur Sexualtheorie.* Umgekehrt bekundete auch Freud großes Interesse an Schnitzlers Schaffen, speziell an der *Traumnovelle.* Seine Briefe an den Dichter zu dessen 60. Geburtstag sowie vom 26. Mai 1926 zeigen das große Interesse des Psychologen an der literarischen „Methode“ Schnitzlers, die Tiefen des menschlichen Wesens auszuloten.

Inhaltsangabe

Kapitel I: Gespräche voller Leidenschaft, Spannung und ungelöster Probleme (S. 11–20)

Fridolin, ein Arzt, und seine Frau **Albertine** leben zusammen mit ihrer kleinen Tochter in Wien in scheinbar ungetrübter Harmonie. Diesen Eindruck erweckt jedenfalls die Eingangssituation, als die Eltern das Kind liebevoll auf die Nachtruhe vorbereiten, um danach ihre Unterhaltung über den gemeinsamen Besuch einer Redoute (eines Maskenballs) am Abend zuvor fortzusetzen. Beide hatten dort seltsame Begegnungen – er mit zwei roten Dominos, sie mit einem melancholischen Unbekannten –, die letztlich zu nichts führten, beide Eheleute aber in einen Zustand von Spannung versetzten, welcher sich nach ihrer Heimkehr vom Ball in einer schon lange nicht mehr so heiß erlebten Liebesnacht entlud. Nun, am folgenden Abend, steigen „die Schattengestalten von der Redoute [...] wieder zur Wirklichkeit empor" (S. 13). Fridolin und Albertine sprechen erneut über den Maskenball, anfangs eher auf lockere Weise, dann aber zunehmend ernst und provozierend. Es kommt zu Andeutungen geheimer Wünsche und Sehnsüchte, von denen bei der Redoute etwas zu spüren gewesen sei, von denen sie aber nicht wissen, ob sie real oder Ergebnisse von Träumen sind. Albertine durchbricht als erste die Wand der gegenseitigen Anspielungen und Vermutungen: Sie erzählt Fridolin von einer flüchtigen Urlaubsbegegnung im vergangenen Jahr während eines Badeurlaubs in Dänemark. Ein junger Mann habe, ohne auch nur ein Wort mit ihr gewechselt zu haben, so großen Eindruck auf sie gemacht, dass sie ihm wohl – trotz der keineswegs erloschenen Liebe zu ihrem Mann – überallhin gefolgt wäre, wenn er nicht plötzlich hätte abreisen müssen. Albertine betont bei ihrer Erzählung sowohl den Wahrheitsgehalt der Begebenheit als auch die dabei empfundene Bangigkeit. Sie möchte nun aber auch, dass Fridolin etwas von seinen einschlägigen Erlebnissen preisgibt. Er tut dies, indem er von einer faszinierenden, keineswegs ganz harmlosen, aber folgenlosen Begegnung mit einem hübschen jungen Mädchen am Strand, ebenfalls während des Urlaubs in Dänemark, erzählt. Dieser Erzählung folgt wieder ein halb spielerisches, halb ernstes Geplänkel, in dessen Verlauf die beiden sowohl gewisse delikate Andeutungen machen als auch deutlich etwas zu verbergen versuchen. Wieder ist es Albertine, die sich zu dem nächsten Schritt entschließt: Sie ruft noch einmal die Tage vor ihrer Verlobung am Wörthersee in Erinnerung, als sie so verliebt gewesen sei, dass Fridolin sie hätte schon besitzen können, wenn er nur etwas gesagt hätte. Fridolin unterstellt ihr, dass auch ein anderer, wenn er das richtige Wort gefunden hätte, wohl Gehör bei ihr gefunden hätte. Dies stellt Albertine freundlich, aber entschieden in Abrede. Sie hätte das Gespräch gerne weitergeführt, aber Fridolin wird zu einem schwer kranken Patienten, einem Hofrat, gerufen.

Kapitel II: Zwiespältige Gefühle Fridolins in der Wohnung des verstorbenen Hofrats – Marianne (S. 20–26)

Fridolin kommt zu spät, denn der Hofrat ist bereits gestorben. Dies sagt ihm **Marianne**, die Tochter des Toten, eine erschöpft wirkende junge Frau. Sie erzählt ihm weitschweifig von den letzten Tagen ihres Vaters, von ihrem glücklosen Bruder und von Dr. Roediger, einem Dozenten für Geschichte an der Wiener Universität, mit dem sie verlobt ist. Fridolin gibt der Hoffnung Ausdruck, dass sie bald in eine andere Wohnung umziehen könne und ihr zukünftiger Mann eine Professur erhalten werde. Trotz des konventionellen Charakters des Gesprächs liegt eine gewisse, fast erotische Spannung im Raum. Sie löst sich, nachdem Fridolin mitleidsvoll seine Hand auf Mariannes Kopf gelegt hat. Daraufhin schluchzt sie auf, umfasst seine Knie und bekennt, seine Nähe nicht mehr missen zu wollen. Fridolin, der „irgendwie" gewusst hat, dass Marianne schon länger in ihn verliebt war, reagiert nicht abweisend, aber auch nicht innerlich beteiligt. Ein Glockenzeichen, das die Ankunft von **Dr. Roediger** meldet, unterbricht die Situation. Nach dem Austausch einiger belangloser Floskeln mit dem Dozenten verlässt dieser für einen Augenblick den Raum, um weitere Verwandte hereinzulassen. Diesen Augenblick nutzt Marianne, um Fridolin ausdrücklich ihre Liebe zu gestehen. Er sagt darauf nur ihren Namen, sonst nichts, und verabschiedet sich anschließend.

Kapitel III: Schwermut, Unsicherheit und unbestimmte Wünsche – Mizzi (S. 26–33)

Fridolin, der noch nicht nach Hause zurückkehren will, wird nun von einer eigenartigen Stimmung erfasst. Schwermut ergreift ihn, Dinge und Personen erscheinen ihm gespenstisch, er reflektiert über Tod und Verwesung, ist sich aber dennoch bewusst, dass sein Leben lebenswert ist. Eine flüchtige Begegnung mit einer Gruppe von Couleurstudenten,[4] von denen einer ihn anrempelt, lenkt seine Gedanken auf bedrohliche Ereignisse, die ihm Angst eingeflößt haben. Unversehens spürt er auch, dass Aggression gegen den jungen Mann, der Albertine am dänischen Strand so fasziniert hat, in ihm hochsteigt.

Plötzlich befindet er sich in einer anrüchigen, ihm unheimlich vorkommenden Gasse. In seiner labilen Verfassung, zu der auch eine gewisse erotische Spannung gehört, reizt ihn eine der umherflanierenden jungen Dirnen, sodass er mit auf ihr Zimmer geht. Dennoch verzichtet er letztlich darauf, mit dem Mädchen, das **Mizzi** heißt und sich sehr treuherzig benimmt, zu schlafen. Fridolin schämt sich seiner Unsicherheit und Inkonsequenz. Schließlich will er ihr schlechten Gewissens Geld geben, doch dies lehnt sie ab. Dagegen freut sie sich, als er ihr beim Weggehen die Hand küsst.

Kapitel IV: Skurrile Begegnungen – traumhafte Wirklichkeit in einer geheimnisvollen Villa – das Opfer einer schönen Unbekannten (S. 33–64)

In aufgewühlter seelischer Verfassung setzt Fridolin seinen Weg durch das nächtliche Wien fort. Irgendwann geht er in ein einfaches Kaffeehaus und kann sich dort bei der Lektüre von Zeitungsberichten über spektakuläre Ereignisse eigenartigerweise etwas beruhigen. Plötzlich erblickt er **Nachtigall**, einen polnischen Bekannten aus früheren Zeiten, den er nicht in Wien vermutet hat. Nachtigall, ein verkrachter Mediziner, hatte sich einige Zeit als Pianist in besseren Häusern durchgebracht, bis er, nachdem er einen Bankdirektor beleidigt hatte, aus Wien verschwand und sich und seine vielköpfige Familie recht und schlecht – wiederum als Pianist – in verschiedenen Städten Osteuropas über Wasser hielt. Völlig unvermutet erhält Fridolin von dem etwas schmuddelig wirkenden, aber schlagfertigen und witzigen Lebenskünstler einen Kredit zurückbezahlt, den er längst abgeschrieben hatte. Dann erfährt Fridolin, dass Nachtigall in Kürze abgeholt wird, um auf einem Maskenball in einer geheimnisvollen Villa, einer Art Club, zu spielen. Dies macht ihn neugierig, nicht zuletzt deswegen, weil Nachtigall ihm verrät, dass in dem Club offenbar auch nackte Frauen tanzen. Sich Zugang zu dem Ball zu verschaffen ist allerdings gefährlich und nur mit einer Parole möglich, die ausschließlich Eingeweihten bekannt ist. Dies hindert Fridolin nicht, von Nachtigall zu verlangen, dass er ihn zu der Villa führt und ihm die Parole, die er selbst erst noch erfahren wird, verrät. Die erforderliche Maske will sich Fridolin selbst besorgen.

Zu diesem Zweck läutet er mitten in der Nacht den seltsamen Maskenverleiher **Gibiser** heraus und erhält von ihm auch eine

Mönchskutte und eine Larve. Während des Besuchs bei Gibiser kommt es zu eigenartigen Begegnungen mit zwei als **Femerichter** verkleideten Herren und mit der verführerischen, aber auch etwas gestört wirkenden halbwüchsigen Tochter des Maskenverleihers, die als **Pierrette** (weibliche Lustspielfigur) kostümiert ist. Wie schon gegenüber Mizzi empfindet Fridolin auch ihr gegenüber eine gewisse erotische Faszination, aber auch das Bedürfnis, sie vor ihrem groben Vater zu schützen. Nachdem er das Haus Gibisers verlassen hat, unterstreicht Fridolin gegenüber Nachtigall noch einmal seinen dringenden Wunsch, die Redoute in der Villa zu besuchen und erfährt daraufhin die Parole. Sie lautet zu seiner Verwunderung „Dänemark". Dann nimmt er sich eine Kutsche und folgt in ihr der wie für einen Trauerfall ausgestatteten Kutsche, die Nachtigall abgeholt hat.

Die Kutsche hält vor einem hell erleuchteten Haus in einem Außenbezirk Wiens. Nachdem er die Parole genannt hat, kann Fridolin eintreten. Er kommt in einen Saal, in dem sich etwa zwanzig Personen befinden, alle als Mönche und Nonnen verkleidet. Von einem Harmonium ist italienische Kirchenmusik zu hören, dazu ertönt eine wunderschöne Frauenstimme. Eine andere Frauenstimme flüstert Fridolin zu, er möge sich entfernen, bevor es zu spät sei. Fridolin folgt dem Rat jedoch nicht und wird nun Zeuge und Teilnehmer einer sich plötzlich vollständig verändernden Szene: Die Türen zu einem anderen Raum haben sich geöffnet, auf einem Klavier werden (von Nachtigall) ekstatische weltliche Melodien gespielt, aus den Nonnen sind Masken tragende, aber sonst völlig nackte Frauen geworden; die „Mönche", nun in festlichen Kavaliersgewändern, stürzen sich voll ungezügelter Lust auf die Frauen und beginnen wild mit ihnen zu tanzen. Fridolin, kurz davor, auch in das orgiastische Treiben einbezogen zu werden, wird von einer der Frauen, derselben wie zuvor, wieder eindringlich aufgefordert, zu gehen, bevor es zu spät sei. Er ist jedoch viel zu stark von einem wollüstigen Verlangen nach der **schönen Frau** erfüllt, als dass er sich von ihr lösen könnte. Im Gegenteil, er versucht sich ihr noch mehr zu nähern. Die Frau lässt dies nicht zu und warnt ihn noch eindringlicher vor den todbringenden Folgen seines Verhaltens. Da wird die Frau vom vornehmsten der Kavalieren zum Tanz aufgefordert und entfernt sich. Nach Momenten der Unsicherheit meint Fridolin, sich als Eindringling bekennen zu müssen, und gerät kurz darauf in eine Auseinandersetzung mit einigen Kavalieren, die registriert haben, dass er sich zu Unrecht in der Villa aufhält, zumal er die Parole des Hauses nicht nennen kann (die nicht identisch mit der Eintrittsparole ist). Bevor man ihm die Maske herunterreißen kann, öffnet sich wieder eine Tür, und die Frau, nun wieder als Nonne gekleidet, tritt heraus und erklärt sich bereit, ihn auszulösen. Fridolin wird freigegeben. Da er aber auch mitbekommen hat, dass die Frau mit ihrer Erklärung ein großes Opfer auf sich genommen hat beziehungsweise auf sich nehmen wird, will er ihr Angebot nicht annehmen und beteuert, lieber alle Folgen seines Tuns tragen zu wollen, als ihr unverdiente Leiden zufügen zu lassen beziehungsweise sie zu verlieren. Sein Versuch bleibt vergeblich. Ihr Kleid gleitet zu Boden, den Schleier entfernt sie selbst, dann überlässt sie sich und ihr Schicksal – nach einer schmerzerfüllten letzten Warnung – den Kavalieren. Fridolin aber wird nahezu gewaltsam aus dem Haus komplimentiert.

Der „Trauerwagen“, nicht der von ihm gemietete Wagen, nimmt ihn auf und startet zu einer wilden Fahrt, während der er von widerstreitenden, beschämenden und verzweifelten Gefühlen gequält wird. Er ist sich aber sicher, die geheimnisvolle, betörende Frau wiederfinden zu müssen, obwohl er andererseits auch Albertine zurückerobern möchte. Irgendwo nahe der Stadt hält der Wagen an, Fridolin kann hinausspringen und irrt nun bis zum Morgengrauen herum. Erst als es hell wird, fasst er sich wieder und lässt sich von einem Fiaker nach Hause bringen.

Kapitel V: Offenbarungen eines Traums – Albertine (S. 64–74)

Als Fridolin um vier Uhr morgens nach Hause kommt, schläft Albertine. Aber im Schlaf verhält sie sich rätselhaft und für Fridolin fast erschreckend, als sie einmal schrill auflacht. Nachdem sie endlich aufgewacht ist, sagt sie ihm, dass sie geträumt habe, will sich aber vorläufig nicht weiter äußern. Fridolin bittet sie wiederholt, über ihren Traum zu sprechen, aber erst nach langem Zögern fängt sie zu erzählen an: Die **Traumhandlung** beginnt in dem Zimmer am Wörthersee, in welchem sie im Sommer ihrer Verlobung gewohnt hat. Zu Albertines Verwunderung fehlt das Brautkleid, obwohl am nächsten Tag Hochzeit sein soll. Stattdessen ist der Schrank voll prächtiger, geradezu opernhafter Kleider. Der kostbar gekleidete Fridolin wird von Galeerensklaven herbeigerudert, er hebt Albertine aus dem Fenster, und die zwei schweben über die wohlvertraute Landschaft. Nachdem sie wieder am Boden angelangt sind, lieben sich die beiden, als wäre es ihre Hochzeitsnacht. Ihre Zärtlichkeit hat aber einen seltsam schwermütigen Charakter. Am Morgen merken sie entsetzt, dass ihre Kleider verschwunden sind. Besonders Albertine ist von Zorn erfüllt, als wäre Fridolin schuld daran. Er macht sich, nackt wie er ist, auf, um Gewänder zu beschaffen. Sobald er fort ist, wird Albertine von einer Stimmung der Erleichterung und des Glücks erfasst. Nachdem sie sich auf einer Wiese niedergelassen hat, von wo sie eine prächtige Fantasielandschaft erblickt, tritt ein junger Mann, der dem Dänen aus dem Urlaub ähnlich ist, auf den Plan. Noch beachtet dieser sie nicht, sondern er betrachtet viele Male eingehend eine Felswand. Währenddessen sieht Albertine auch Fridolin wieder, der dabei ist, die schönsten Dinge für sie zu kaufen, darunter auch Kleider, und sie in eine grotesk kleine Handtasche zu packen. Eine sich drohend gebärdende Menschenmenge verfolgt ihn dabei. Schließlich nähert sich ihr auch wieder der „Däne“, grüßt sie freundlich und lässt sich neben ihr nieder. Hier unterbricht Albertine ihre Erzählung, wird aber von Fridolin aufgefordert, weiter über ihren „merkwürdigen“ Traum zu berichten.

Albertine schildert nun ihr von innerer Gelöstheit, dem Gefühl von Freiheit und Glück erfülltes Traumleben gemeinsam mit dem jungen Mann und anderen glücklichen Paaren. Diese Szene wird auch von Fridolin beobachtet, der nun von Soldaten ergriffen und gefesselt wird und hingerichtet werden soll. Dies löst bei Albertine aber keinerlei Mitleid aus. In einem Bogenfenster der Burg, in deren Hof sich die Handlung um Fridolin verlagert hat, erscheint eine prächtig anzusehende junge Frau, die Fürstin des Landes, und fragt ihn, ob er ihr Geliebter werden wolle. Falls er zustimme, werde er begnadigt. Er lehnt ab und wird ausgepeitscht. Noch einmal macht ihm die Fürstin ein Angebot: Er könne ihr Gatte und Fürst des Landes werden. Wieder lehnt er ab. Das Eigenartige ist, dass die Fürstin dem Mädchen gleicht, das ihn am dänischen Strand so fasziniert hat. Nun wird auf der Wiese, auf der sich Albertine, ihr Geliebter und die anderen Paare befinden, ein Kreuz für Fridolin aufgerichtet. Er geht, jetzt wieder scheinbar frei, aber zerschunden, darauf zu und versucht dabei Augenkontakt mit der in den Armen ihres Geliebten ruhenden Albertine aufzunehmen, sie aber hat in diesem Moment nur Verachtung und Hohn für ihn übrig. Dennoch läuft sie ihm entgegen, sie erreicht ihn nicht, beide erheben sich in die Lüfte und schweben aneinander vorbei. Albertines schrilles Lachen, das dem zum Tod am Kreuz bestimmten Fridolin gilt, ist gleichzeitig das Lachen am Ende ihres Traumes.

Fridolin erlebt den Abschluss der Erzählung wie benommen; seine Gefühle schwanken zwischen Rachegefühlen und Hass auf seine ihm treulos und grausam erscheinende Frau und Gefühlen einer unverlierbaren Zärtlichkeit. Schließlich überwiegen seine Erschöpfung und das Bedürfnis, im Schlaf neue Kräfte zu sammeln.

Kapitel VI: Fridolins Enttäuschungen und Widersprüche bei der Suche nach der schönen Unbekannten – das bedrückende Ende (S. 74–101)

Der folgende Tag beginnt wie gewohnt. Fridolin verlässt das Haus, bevor Frau und Tochter erwacht sind, und macht einige Krankenbesuche. Dann begibt er sich in Nachtigalls Hotel und erfährt dort von dessen Abreise in Begleitung zweier zwielichtiger Herren. Anschließend gibt er sein Kostüm an Gibiser zurück, nicht ohne sich nach dessen Tochter, der Pierrette, zu erkundigen. Gibiser äußert sich wenig konkret und ziemlich unfreundlich. Auch begegnet Fridolin bei dem Maskenverleiher einem der „Femerichter" vom Vorabend, mit dem Gibiser sich gütlich arrangiert zu haben scheint. Mit Albertine hat Fridolin zwischendurch nur kurzen telefonischen Kontakt. Auch im Krankenhaus, wo er in Vertretung des Chefarztes die Visite übernimmt, hält er sich nicht lange auf, denn es drängt ihn, zu der geheimnisvollen Villa zurückzukehren, um dort möglicherweise seine schöne Retterin wiederzufinden. Auf der Fahrt im Fiaker denkt er über die geheime Gesellschaft und über die Damen in der Villa nach. Er neigt nun dazu, das „Opfer" der schönen Unbekannten anzuzweifeln und es für wahrscheinlicher zu halten, dass man sich einen Spaß mit ihm erlaubt hat; auf jeden Fall glaubt er, selbst eine gute Haltung bewahrt zu haben.

An der Villa, die Fridolin jetzt unbewohnt erscheint, überreicht ihm ein alter Diener einen Brief, der eine deutliche Warnung enthält, in Zukunft keine weiteren Nachforschungen mehr anzustellen. Für Fridolin ist dies der Beweis, dass die gesuchte Frau noch lebt. Er fährt beruhigt nach Hause, isst dort in Gesellschaft von Frau und Tochter zu Mittag und arbeitet anschließend in seiner Praxis. Äußerlich erscheint alles normal, doch in Fridolin sieht es anders aus. Zwar kehrt er nochmals, nachdem er in seiner Privatpraxis die Sprechstunde beendet hat, ins Krankenhaus zurück. Doch dann glaubt er, Marianne aufsuchen zu müssen. Er fühlt sich in der Stimmung, eine Art Doppelleben zu führen und sich so an Albertine zu rächen. Doch schon gegenüber der von ihm abermals enttäuschten Marianne vermag er nur Floskeln hervorzubringen, ein Zeichen seiner Unsicherheit und Inkonsequenz. Auch ein Besuch in Mizzis Wohnung endet unbefriedigend, er trifft sie nicht an, denn sie hat sich, wie sich zwischenzeitlich herausgestellt hat, eine Geschlechtskrankheit zugezogen und muss im Krankenhaus behandelt werden. Fridolin kann ihr also sein Geschenk – er hatte sich vorgenommen, ihr Wein und Süßigkeiten zu schicken – nicht persönlich übergeben. Er fühlt, dass ihm alles misslingt, daher verbietet sich eine Heimkehr von selbst. Er will trotz aller Misserfolge die Nachforschungen nach der schönen Unbekannten fortsetzen, auch wenn er niemanden hat, mit dem er sich beraten könnte. Da kommt ihm ein Zufall zu Hilfe: In einem Café entdeckt er eine Zeitungsnotiz, nach welcher sich eine auffallend hübsche junge Frau, die Baronin D., in ihrem Hotel vergiftet habe. Fridolin denkt sofort an seine nächtliche Begegnung und macht sich auf, die Frau zu suchen, da sie ja noch leben könnte. Er findet rasch das Hotel, erfährt dort aber nur, dass die Dame, die wohl nicht die Baronin D. ist, bereits in ein Krankenhaus gebracht worden ist, und dass zwei Männer nach ihr gefragt hätten und wieder verschwunden seien, nachdem man die Bewusstlose gefunden habe. Im Krankenhaus muss Fridolin zur Kenntnis nehmen, dass die angebliche Baronin trotz aller Bemühungen nicht mehr habe gerettet werden können. Er ist anfangs sehr darüber erschüttert, fängt sich aber wieder und macht sich zögernd zur Totenkammer im pathologisch-anatomischen Institut auf. Dabei wird er – eigentlich schon seit der Lektüre der Zeitungsnotiz – von Bildern gequält, in denen sich Eindrücke von der fremden Frau mit den Zügen von Albertine vermischen.

Im Institut trifft Fridolin seinen ehemaligen Studienkollegen **Doktor Adler**. Der führt ihn zum Leichnam der jungen Frau. Er sieht eine Person, die ihm einerseits sehr fremd erscheint, die ihn andererseits aber immer noch auf geheimnisvolle Weise in ihren Bann zieht. Nur mühsam kann er von Doktor Adler aus seiner Benommenheit befreit werden.

Das Allgemeine Krankenhaus in der Wiener Josefstadt. – „Fridolin fuhr sofort in das bezeichnete Hotel und erhielt dort die Auskunft, daß die Baronin D. unverzüglich nach ihrer Auffindung ins Allgemeine Krankenhaus geschafft worden sei." (S. 92)

Zwar bestätigt Fridolin seinem Kollegen, dass die Tote die von ihm gesuchte Frau ist, doch sicher ist er sich keineswegs. Er weiß nur, dass der Tod, dem er hier begegnet ist, auch das Ende der Erlebnisse der vergangenen Nacht mit all ihren Facetten bedeutet.

Kapitel VII: Offenheit – eine Möglichkeit für einen Neuanfang (S. 101–103)

Fridolin eilt nach Hause und beschließt, Albertine seine Erlebnisse als die eines Traums zu berichten. Er trifft sie schlafend an, es ist Nacht, neben ihr liegt die Maske von der vorigen Nacht, er hatte sie vergessen. Dieser Anblick erschüttert Fridolin zutiefst. Er bricht weinend zusammen und erzählt Albertine, die ihn behutsam wieder aufgerichtet hat, alles, was er wirklich erlebt hat, ohne es als Inhalt eines Traums auszugeben. Nachdem er damit fertig ist, fragt er sie, was sie denn nun weiter tun sollten. Albertine, die sich in dieser Situation als die Stärkere erweist, zeigt Fridolin und damit auch ihnen beiden gemeinsam einen Weg auf, das Erlebte einzuordnen und einen Neuanfang zu wagen.

Textanalyse und Interpretation

1 Aufbau

Arthur Schnitzler hatte der „Traumnovelle“ den Arbeitstitel **„Doppelnovelle“** gegeben. Damit ist schon Wesentliches über den Aufbau und die dichterische Form des Textes ausgesagt. Er enthält **zwei Handlungsstränge**, die jeweils sowohl getrennt voneinander verlaufen als auch eng miteinander vernetzt sind: einerseits die Fridolin zuzuordnenden, in der Realität stattfindenden, oft aber traumartigen Erlebnisse, andererseits die realen, nicht selten auch traumartigen Erlebnisse Albertines sowie ihr unverkennbar in der Realität verankerter Traum. Das heißt, der Arbeitstitel „Doppelnovelle“ weist auf die beiden Handlungsstränge *und* auf die beiden Realitätsebenen (Traum und Wirklichkeit) hin.

Diese Struktur spiegelt sich in der Abfolge der einzelnen **Handlungsphasen** wider: Nur ein sehr kurzer einleitender Abschnitt (Kapitel I) lässt den Eindruck von vollendeter Harmonie in der Familie aufkommen, doch schon die Wiederaufnahme eines Gesprächs über eine am Vortag besuchte **Redoute** (Maskenball) deutet an, dass sowohl in Albertine als auch in Fridolin geheime Wünsche existieren, von denen sie nicht einmal wissen, ob sie nicht nur Ergebnisse von Träumen sind. Die Begegnungen auf der Redoute und vor allem das Gespräch darüber sind also **auslösende Faktoren** für das Folgende: die Erzählungen von Albertine und Fridolin über Erlebnisse im Urlaub, die von der mehr als nur spielerischen Versuchung handeln, Liebeserfüllung außerhalb ihrer festen Beziehung zu finden. In den Erzählungen beider Eheleute geht es um dasselbe Thema, aber sie werden in getrennten Unterschritten wiedergegeben, auch wenn es zwischendurch mehrfach zu Reaktionen der beiden auf die Erzählung des Partners oder der Partnerin kommt. Durch einen äußeren Anlass – Fridolin wird zu einem Kranken gerufen – endet das Gespräch und mit ihm das Kapitel I, dem somit ganz deutlich die Funktion einer **Exposition** zukommt.

Die Kapitel II und III haben ebenfalls noch hinführenden Charakter, doch liegt das Gewicht jetzt vollständig auf Begegnungen und Erlebnissen Fridolins (Marianne, die Couleurstudenten, Mizzi). Entsprechend gehören die beiden Kapitel bereits zum Handlungsstrang I. Sie haben eine Art Scharnierfunktion zwischen dem vorbereitenden Kapitel I und dem Höhepunkt der Fridolin-Handlung in Kapitel IV. In der Poetik des Dramas (die der der Novelle in manchen Zügen ähnelt) würde man von **steigender Handlung** sprechen. Bemerkenswert ist dabei die Tatsache, dass sich das Geschehen in Kapitel III auf eine tiefere gesellschaftliche Ebene verlagert.

Dies ist auch noch im ersten Teil von Kapitel IV zu spüren, das ebenfalls vollständig dem Handlungsstrang I zuzuordnen ist. Die Ereignisse vor Fridolins Eintritt in die geheimnisvolle Villa, die Begegnung mit Nachtigall, der Besuch beim Maskenverleiher Gibiser und die Fahrt zur Villa, leiten nun sehr straff zum **Höhepunkt bzw. zur „Peripetie" des ersten Handlungsstrangs** über. Der Höhepunkt, ein geradezu atemloser Wechsel von Eindrücken, Begegnungen, Bewegungen, Farben, Tönen und Gefühlsaufwallungen, steigert sich bis zur Selbstaufgabe der schönen Unbekannten und bricht dann – mit der gewaltsamen Entfernung Fridolins aus der Villa – unvermittelt ab. Die Zeit bis zur Heimkehr verläuft eher schleppend, Fridolins Gedanken sind von Selbstzweifeln, Vorwürfen und Unsicherheit erfüllt. Als Handlungsimpuls bleibt aber der etwas paradoxe Vorsatz, die Frau wiederzufinden, aber auch Albertine zurückzuerobern.

Diesem ersten Höhepunkt schließt sich nun der **Höhepunkt des zweiten Handlungsstrangs** an, die Schilderung dessen, was Albertine im Traum erlebt hat, der praktisch gleichzeitig mit den Erlebnissen von Fridolin stattgefunden hat (Kapitel V). Die Schilderung knüpft nicht nur vom Ort (dem Wörthersee) her an das an, was Albertine ihrem Mann bei dem Gespräch nach der Redoute eröffnet hatte, sondern auch thematisch: Es geht um die Liebesbeziehung zu einem Mann, dem sie in der Wirklichkeit, während des Urlaubs in Dänemark, auch schon begegnet war (vgl. Exposition). Die rasch eskalierende Traumhandlung – Liebeserfüllung, Versuchung und Bestrafung Fridolins, Trennung im Zustand des Schwebens – erreicht fast abrupt einen **Wendepunkt**, eine „**Peripetie**", als Albertine den leidenden Fridolin mit einem schrillen Lachen verhöhnt und damit gleichzeitig in die Wirklichkeit und in die Welt der ungelösten Fragen zurückkehrt, aus der sie und Fridolin jedoch sehr bald in einen tiefen, traumlosen Schlaf entfliehen können.

Der für das klassische Drama oft angewandte Ausdruck „**fallende Handlung**" passt auch sehr gut für das VI. Kapitel der *Traumnovelle*. Dieser Abschnitt führt den Handlungsstrang I zu einem vorläufigen Ende, nämlich zum Ende der Suche Fridolins nach der schönen Unbekannten aus der Villa. Nach einigen für ihn eher peinlichen beziehungsweise ärgerlichen Wiederbegegnungen mit Personen aus der abenteuerlichen Nacht führt ihn der Zufall an den letzten Aufenthaltsort der Frau, ein Hotel. Die Suche endet im Pathologisch-anatomischen Institut, wo er in der Totenkammer nur den toten Körper der Frau vorfindet, den er kaum noch mit der faszinierenden Schönen aus der vorhergehenden Nacht in Zusammenhang bringen kann. Die Schritte bis zum endgültigen Abschluss der fantastischen Episode sind durch eine **kontinuierliche Desillusionierung** Fridolins gekennzeichnet, bis hin zu seiner Erkenntnis, dass alles, was er in der vergangenen Nacht erlebt und erhofft hatte, nun unwiederbringlich vorbei ist.

In dem sehr knappen Kapitel VII werden **die beiden Handlungsstränge insofern wieder zusammengeführt**, als Fridolin seiner Frau die Erlebnisse der vergangenen und dieser Nacht in aller Genauigkeit schildert und somit seinen Beitrag dazu leistet – nach dem Beitrag Albertines, der Traumschilderung –, dass die beiden sich nun näher als je zuvor sind und einen Neubeginn wagen können. Die mögliche **Katastrophe** tritt nicht ein.

Der Aufbau der Novelle im Überblick

Exposition	gemeinsamer Besuch einer Redoute: geheime Wünsche und Sehnsüchte		Kapitel
	Urlaubsbegegnungen und -erlebnisse:		I
	Fridolin	Albertine	
	junges Mädchen (Dänemark)	junger Mann (Dänemark); Irritation und Verlobung (Wörthersee)	
steigende Handlung	Verlockungen (Marianne, Mizzi, Pierrette); Andeutungen (Nachtigall, Gibiser, Femerichter)		II, III, IV
Höhepunkte	das Fest in der Villa – Faszination und dunkles Geheimnis: die schöne Unbekannte	der Traum: die Hochzeitsvorbereitungen – der Genuss der freien Liebe – die Leiden Fridolins	IV
fallende Handlung	Suche nach der schönen Unbekannten – Begegnung mit einer Toten		VI
Lösung	Erzählung Fridolins – Einsichten und gemeinsame Folgerungen		VII

2 Personen

Eine zentrale Bedeutung in der *Traumnovelle* kommt der **inneren Handlung** zu: Innere Vorgänge wie Erinnerungen, die Auseinandersetzung mit Angst- und Schuldgefühlen, Zukunftsprojektionen, Selbstreflexionen, Reflexionen über Erlebtes und insbesondere der Traum durchsetzen beziehungsweise unterbrechen die äußere Handlung in einem sehr starken Maß. Die psychischen Vorgänge in den beiden Hauptpersonen, Albertine und vor allem Fridolin – aus dessen Perspektive der größere Teil der Handlung dargestellt ist –, sind Substrate der Handlung, aber auch Manifestationen und Spiegelungen der beiden Charaktere. Was sie denken, fühlen und träumen, ist zugleich Handlung und Bestandteil der jeweiligen Psyche. Gerade die inneren Vorgänge und damit das Wesen der Hauptpersonen stehen im Mittelpunkt des dritten Abschnitts der Textanalyse und Interpretation (vgl. *Interpretationshilfe,* S. 41 ff.). Um Wiederholungen zu vermeiden, wird daher in diesem Abschnitt auf eine detaillierte, alle Wesenszüge umfassende Charakterisierung von Albertine und Fridolin verzichtet. Wesentliches soll natürlich schon zum Ausdruck kommen. Die Darstellung der übrigen Personen orientiert sich an ihrer Bedeutung für Albertine und Fridolin und damit für den Ablauf der inneren und äußeren Handlung.

Hauptfiguren

Fridolin

Der größere Teil der *Traumnovelle* ist den Erlebnissen, Gedanken und Gefühlen Fridolins gewidmet, doch mit keinem Satz geht der Autor auf dessen äußeres Aussehen ein. Der Leser erfährt nur sein Alter, 35 Jahre (S. 29), und kann vermuten, dass er gut aussieht, sonst wäre er weniger attraktiv für die Frauen. Seinen Beruf als Arzt, dem er – wie dies bei Schnitzler selbst auch einige Zeit der Fall war – sowohl in seiner Privatpraxis als auch in der Polyklinik nachgeht, nimmt er sehr ernst. Er ist pflichtbewusst, aufmerksam, offenbar auch fachlich qualifiziert, der Chefarzt in der Klinik vertraut ihm ohne Einschränkungen (vgl. S. 77 f.). Ein Aufstieg zum Abteilungsleiter ist ihm aber nicht möglich, da er sich wissenschaftlich zu wenig engagiert hat und daher auch keine „Dozentur", das heißt eine Professur oder deren Vorstufen vorweisen kann.

Dies ändert jedoch nichts an der Tatsache, dass er seiner kleinen Familie ein Leben ohne materielle Sorgen bieten kann. Hausangestellte gehören ebenso dazu wie ein Urlaub im Ausland – der zur damaligen Zeit noch nicht so selbstverständlich war wie heute – und der Besuch geselliger Veranstaltungen von einigem Niveau wie etwa der Redoute (vgl. S. 11 ff.). Fridolin ist schon einige Jahre mit Albertine verheiratet, ihrem einzigen Kind, einem kleinen Mädchen, wenden sie beide ihre ganze Liebe zu. Seiner Frau gegenüber verhält sich Fridolin in der Regel – das heißt, wenn ihn nicht gerade negative Emotionen bewegen – nicht nur freundlich und aufmerksam, sondern er zeigt ihr auch, dass er sie liebt. Dies lässt sich manchmal nur an kleinen Gesten oder kurzen Äußerungen erkennen, so, als er während der Traumerzählung, also in einer für ihn schwierigen Situation, stets ihre Finger in seiner Hand hält.

Außerhalb seines familiären Umfelds zeigt sich Fridolin meistens sehr beherrscht, er lässt sich nicht provozieren – etwa durch die Couleurstudenten (S. 29) – und handelt zuweilen sogar dann rational, wenn er einfühlsam und taktvoll vorgehen müsste, wie bei der zweiten Begegnung mit Marianne (S. 86). Dazu ist er trotz guten Willens nicht imstande, weil er oft unsicher und von Selbstzweifeln geplagt ist (vgl. S. 62). Diese Unsicherheit, die gelegentlich auch in seinem Verhalten gegenüber Albertine zum Ausdruck kommt, versucht er, unbewusst, durch etwas forciert wirkende Liebenswürdigkeit (z. B. S. 17 f.), durch unwirsche Bemerkungen oder auch durch Schweigen (vgl. S. 72) zu überspielen. Sein Abenteuer in der geheimnisvollen Villa nimmt er in Angriff, weil er in einer Verfassung ist, in der ihn die Andeutungen Nachtigalls erotisch reizen (S. 41). Als sich seine Erwartungen auf eine körperliche Vereinigung mit der schönen Unbekannten nicht erfüllen, wird er ungeduldig. Dabei tendiert er zu hektischem Verhalten, das sich noch steigert, als die Unbekannte sich für ihn opfern will. Sein Verhalten ist vor allem darauf zurückzuführen, dass er einerseits Niederlagen auf erotischem Gebiet nicht gewöhnt ist (vgl. auch seine Reaktionen auf Albertines Traum), und dass er andererseits doch so fest in seiner patriarchalischen Haltung verankert ist, dass ihm die Verweigerungshaltung der Frau unverständlich bleibt. Seine Erklärung der irritierenden Situation entspricht dieser inneren Einstellung: „Konnten alle diese Weiber etwas anderes sein? Dirnen – kein Zweifel." (S. 60) Dass sich in diesem Zusammenhang auch sein Gewissen meldet, also sein *Über-Ich* (vgl. *Interpretationshilfe,* S. 52 ff.), ist nicht weiter verwunderlich, denn es vertritt ja unter anderem die in der Gesellschaft geltenden moralischen Einstellungen und Normen. Fridolin selbst gesteht gegenüber Doktor Adler ein, seine Suche nach der verschwundenen Frau habe etwas mit „schlechtem Gewissen oder wenigstens mit Gewissen" zu tun (S. 96). Dies deutet auch darauf hin, dass Fridolins *Ich* (noch) nicht stark genug ist, in allen Situationen souverän und verantwortungsbewusst zu handeln. Es ist Albertine, die ihn letztlich dazu bewegt, offener und damit stärker zu werden.

Dies kann ihr nur gelingen, weil auch Fridolin ein sehr sensibler und verletzlicher Mensch ist – trotz seines nicht immer einfühlsamen Verhaltens gegenüber einigen Frauen. Davon ist Albertine auszunehmen. Immer, wenn er mit ihr spricht, bei ihr ist, sind seine Äußerungen, seine Gesten, ist sein gesamtes Verhalten verständnisvoll, teilweise auch liebevoll, zumindest aber vorsichtig und höflich.

Albertine

Über das Alter und das Aussehen Albertines erfährt der Leser nichts, doch darf angenommen werden, dass sie etwa so alt wie Fridolin ist, also etwas über dreißig, und dass sie gut aussieht. Dies kommt indirekt in den Passagen über die Ferienerlebnisse zum Ausdruck: Sie ist eine begehrte Frau.

Nicht erst der Traum zeigt, dass Albertine sich nicht nur als Gemahlin Fridolins versteht, die ihren Pflichten als Ehefrau, Erzieherin der Tochter und Verwalterin des Haushalts nachkommt. Dies ist nur der äußere Anschein, so, wenn sie zum Beispiel beim Besuch ihrer Mutter darauf achtet, dass das Mädchen Französisch lernt (S. 83), oder wenn sie um die Erholung ihres Mannes von seiner schweren Nachtarbeit besorgt ist (S. 66). Schon bei den ersten Gesprächen, über die Redoute und über die Urlaubserlebnisse, ist zu spüren, dass ihre Zuneigung gegenüber Fridolin auch sehr stark sinnlicher Natur ist (S. 12), dass ihre sinnlichen Wünsche und Sehnsüchte jedoch nicht nur auf Fridolin fokussiert sind und sehr viel mit Freiheit zu tun haben. Gemeint ist die Freiheit von Routine, Regelmäßigkeit, vielleicht auch von rollenbedingtem Zwang. Ihre diesbezüglichen Geständnisse sind einerseits ein Zeichen von Ehrlichkeit, verraten aber auch Ungeduld (vgl. S. 13 unten). Trotzdem ist Albertine in dieser Phase noch nicht so weit, Fridolin vorbehaltlos mit dem zu konfrontieren, was sie in ihrer ehelichen Beziehung vermisst. Die im *Über-Ich* verankerten Normen der bürgerlichen Wohlanständigkeit halten sie noch davon ab. Vorläufig muss sie sich mit einem schmerzvollen „Ach, wenn ihr wüßtet" begnügen (S. 18).

Was sie wirklich ersehnt und was in ihr arbeitet, kommt erst in ihrem Traum zum Ausdruck (vgl. *Interpretationshilfe,* S. 56 ff.). Sie spürt darin, dass „es gewiß nichts in unserer bewußten Existenz" gibt, „das der Gelöstheit, der Freiheit, dem Glück gleichkommt, das ich nun in diesem Traum empfand" (S. 70). Der Traum lässt das möglich werden, worauf Albertine im wirklichen Leben – trotz liebender Zuwendung ihres Mannes, trotz intakter Familie, trotz der Freiheit von materiellen Sorgen – verzichten muss: auf ein Leben, in dem die Erfüllung ihrer erotischen Wünsche nicht von den Launen, den Dispositionen Fridolins oder von den Konventionen abhängig ist, welche die Vorrangstellung des Mannes generell stützen. Daher muss sie es, mehr unbewusst als bewusst, auch als Kränkung empfinden, dass Fridolin sich im Prinzip wie alle Männer verhält. Arthur Schnitzler war es durchaus bewusst, dass er selbst sich in seinem Verhalten gegenüber Frauen – beispielsweise gegenüber Marie Glümer – nicht vom Durchschnitt der Männer seiner Zeit abhob.

Seine literarische Figur Albertine kann erst in und nach ihrem Traum ihr tiefes Verlangen nach einer ungebundeneren Lebensweise richtig begreifen. Sie ist imstande, Fridolin dies – mit einer etwas verzögerten Wirkung – durch ihre Erzählung zu vermitteln, und sie kann ihn auch dazu bringen, seine eigene Flucht aus dem bürgerlichen Alltag ungeschminkt wiederzugeben. Darin zeigt sich die Stärke ihrer Persönlichkeit, zu der es auch gehört, dass sie nicht vor den Kräften des Unbewussten, des *Es*, kapituliert. Ihr starkes *Ich* schafft es, ihre Beziehung zu Fridolin auf eine neue Basis zu stellen. Ein entscheidendes Kriterium ist dabei die Ehrlichkeit.

Nebenfiguren

Das Umfeld von Albertine

Ohne größere Bedeutung ist der melancholisch-blasierte **Unbekannte** auf der Redoute, der nur für kurze Zeit Albertines Interesse gewinnen kann (S. 12).

Über die **kleine Tochter** erfährt man nur, dass sie sechs Jahre alt, blond, liebreizend und wohlerzogen ist. Das Mädchen ist gleichermaßen Ziel und Unterpfand der emotional noch intakten Beziehung zwischen Albertine und Fridolin.

Das **Personal** (Kinderfräulein, Stubenmädchen etc.) gehört zu einem soliden bürgerlichen Hauswesen, darin erschöpft sich seine Bedeutung in dieser Novelle.

Wesentlich wichtiger für Albertines innere Entwicklung ist der **junge Mann**, der ihr am dänischen Strand begegnet ist und auch im Traum in unterschiedlichen Erscheinungsbildern ihren Weg kreuzt. Er sieht gut aus, ist ebenso höflich wie leidenschaftlich. Mehr wird nicht über ihn ausgesagt. Das ist auch unwesentlich. Entscheidend ist, dass er für Albertine die Schönheit und Freiheit einer sinnlichen Liebe verkörpert. Dies bringt sie in ihrer Traumerzählung auch zum Ausdruck und öffnet damit Fridolin die Augen für ihre Sehnsüchte.

Das Umfeld von Fridolin

Vorboten

Hier ist zuerst das **dänische Mädchen** im Urlaub zu nennen. Mit ihrer Schönheit, aber auch mit ihren – wohl noch unbewussten – Gesten der Verlockung übt sie eine starke erotische Anziehungskraft auf Fridolin aus, der er wohl auch nachgegeben hätte (vgl. S. 16). Das Mädchen taucht später als Fürstin in Albertines Traum auf, wodurch sich zeigt, dass Fridolins Erzählung einen tiefen Eindruck auf Albertine gemacht hat. Im Traum vollendet das Mädchen als Abgewiesene die Rache an Fridolin.

Die **zwei Dominos**, die auf der Redoute vorübergehend vage erotische Wünsche in Fridolin hochkommen lassen, bleiben, sieht man einmal von der in dieser Novelle fast magischen Zahl „zwei" ab, ohne große Bedeutung für die weitere Entwicklung.

Drei Frauen unterwegs

Doch die „kaum geahnten Wünsche" (S. 13) sind nicht zusammen mit den Dominos verschwunden; sie sind weiterhin latent in Fridolins Unterbewusstsein vorhanden und richten sich zunächst auf drei Frauen beziehungsweise Mädchen, denen er nach seinem Aufbruch zur Arztvisite begegnet:

Marianne, die Tochter des verstorbenen Hofrats, ist eine noch junge Frau, etwa Mitte zwanzig, doch ist sie durch ihr freudloses, anstrengendes Leben an der Seite ihres kranken Vaters früh verblüht, was sich an ihrem glanzlos gewordenen, eigentlich schönen blonden Haar, an den Falten an ihrem Hals und an der gelblichen Tönung ihrer Haut zeigt. Die Tatsache ihres Verlobtseins mit dem Historiker Doktor Roediger erwähnt sie beinahe verlegen. Der Grund für das Zögern ist ihre Liebe zu Fridolin, die sie ihm in einer leidenschaftlichen Aufwallung auch gesteht.

Die Schreyvogelgasse, in der Marianne wohnt.
„Von Fridolins Wohnung in der Josefstadt nahe dem Allgemeinen Krankenhaus, war es kaum eine Viertelstunde in die Schreyvogelgasse". (S. 20)

Fridolin reagiert zwar ergriffen, spürt auch eine gewisse Unruhe, fühlt sich erotisch aber doch nicht sehr von Marianne angezogen. Dass ihr Äußeres im Vergleich mit Albertine verhältnismäßig genau beschrieben wird, könnte darin begründet sein, dass Schnitzler durch den Kontrast zwischen dem attraktiven, in dieser Phase aber bereits etwas umtriebig wirkenden Fridolin und der blassen, leidgeprüften, früh gealterten Frau betonen wollte, wie sehr der beherrschte, verantwortungsbewusste Arzt in dieser Phase schon durch triebhafte Kräfte verunsichert ist.

Dies zeigt sich dann noch deutlicher, als er der Prostituierten **Mizzi** in ihr Zimmer folgt. Dieses Mädchen ist noch sehr jung, zierlich und hübsch. Als sie merkt, dass Fridolin Hemmungen hat, sich ihr zu nähern, lässt sie von ihm ab und wehrt auch seine nachfolgenden Zärtlichkeiten ab. Sie will ihm das Risiko ersparen, eine Geschlechtskrankheit zu bekommen, und lehnt auch eine Bezahlung ab. Mit diesem Verhalten beweist das arme Ding wesentlich mehr Souveränität als der studierte Herr aus der so genannten besseren Gesellschaft. Auch hier soll der Kontrast die sich steigernde Unsicherheit Fridolins unterstreichen. Als er in der nächsten Nacht mit schlechtem Gewissen ein Geschenk bei ihr abliefern will, ist sie tatsächlich wegen der vorher angedeuteten Krankheit im Spital. Ihre „**Kollegin**", bei der er das Geschenk abgibt, ist eine eher typische Vertreterin ihres Gewerbes, unkompliziert, keck, zu spöttischem Umgang mit unsicheren Männern neigend. Ihre Bedeutung für die Handlung ist nicht groß, allerdings macht Fridolins Begegnung mit ihr deutlich, dass er inzwischen sehr desillusioniert und nervös geworden ist.

Noch vor seinem Abenteuer in der Villa begegnet ihm die Tochter des Maskenverleihers Gibiser, die sich im Kostüm einer Pierrette präsentiert und fortan auch als **Pierrette** bezeichnet wird. Sie ist ein noch sehr junges und anmutiges Mädchen, trotzdem bereits auf sehr kokette Weise darauf aus, dem gut aussehenden Arzt zu gefallen. Fridolin macht sich als Arzt Gedanken über das Mädchen, doch hätte er sie – nach dem Zwischenfall mit den „Femerichtern" – auch „gleich mitgenommen, wohin immer – und was immer daraus gefolgt wäre" (S. 44). Er kann sich in seiner zu diesem Zeitpunkt leicht erregbaren Verfassung gar nicht dagegen wehren, dass ihn auch dieses junge Mädchen erotisch fasziniert.

Wegbereiter und geheimnisvolle Randfiguren

Einen breiten Raum (S. 35 ff.) nimmt die Begegnung Fridolins mit **Nachtigall** ein. Dieser eigentlich noch ziemlich junge, aber doch schon etwas verlebt und schmuddelig wirkende verkrachte Mediziner und sich nunmehr als Pianist bei geselligen Anlässen durchschlagende Sohn eines polnisch-jüdischen Branntweinschenkers ist ein Lebenskünstler, der es – teilweise durch Schnorrerei, teilweise durch sein durchaus virtuoses Klavierspiel – ganz passabel schafft, nicht nur seine Frau und seine vier Kinder in Lemberg zu versorgen, sondern auch selbst ein Leben zu führen, über das er keineswegs klagen will. Im Gegenteil, er lacht viel, steckt seinen Gesprächspartner mit seinem gelegentlich auch hintergründigen Humor geradezu an und erlaubt sich offenbar, auch einmal anzüglich zu werden oder Beleidigungen durch so genannte höher gestellte Persönlichkeiten sogar handgreiflich zu quittieren. Er ist eine Gestalt, wie sie typischer für einfache Menschen in der k. u. k.-Monarchie nicht sein könnte. Über sein Engagement in der geheimnisvollen Villa will er nichts Genaueres sagen. Seine Andeutungen, vor allem diejenige, dass dort unbekleidete Frauen auftreten, versetzen Fridolin allerdings in ziemliche Aufregung. Daher gelingt es dem zunehmend ernster werdenden Nachtigall auch nicht mehr, Fridolin den Gedanken an einen Besuch des bevorstehenden Balls in der Villa auszureden. Er muss ihm schließlich, fast widerwillig, die Parole zum Eintritt in das Haus verraten. Die Begegnung mit Nachtigall löst bei Fridolin also zusätzliche Energien aus, das zu realisieren, was ihn schon einige Zeit unbewusst gedrängt und bedrängt hat: die Teilnahme an einem erotischen Abenteuer, die Erfüllung erotischer Sehnsüchte.

Eine nicht ganz unwichtige Nebenrolle auf dem Weg dorthin spielt der seltsame Maskenverleiher **Gibiser**, eine hagere, bartlose Gestalt in einem altmodisch geblümten Schlafrock und mit einer türkischen Mütze auf dem kahlen Schädel. Er bedient Fridolin mit formeller, berufsüblicher Höflichkeit, wird aber sofort abweisend, wenn seine von ihm als „wahnsinnig" oder als „verworfen" bezeichnete Tochter Pierrette in die Nähe kommt (vgl. S. 44 ff.). Bemerkenswert ist zudem sein geringes Interesse an einem angemessenen Preis für das verliehene Kostüm. Er hat etwas Schrulliges, etwas Bösartiges, aber auch etwas Geheimnisvolles an sich.

Noch rätselhafter ist das Auftreten von **zwei Femerichtern**, die angeblich einer Einladung des „Fräuleins" gefolgt sind und von Gibiser festgehalten werden. Etwas später haben sie ihre Roben abgelegt und präsentieren sich als zwei junge, schlanke Herren, die nach wie vor die roten Larven über ihren Gesichtern tragen. Den Femerichtern haftet etwas Bedrohliches an (Femegerichte waren im Mittelalter Freigerichte und standen zunehmend im Verdacht der Illegalität und Willkür). Offenbar unterhalten sie unsittliche Beziehungen zu der jungen Tochter Gibisers, und zwar hinter dem Rücken des Maskenverleihers. Dieser tut sehr entrüstet, als er ihnen auf die Schliche kommt, ist anschließend offenbar jedoch ohne viele Umstände bereit, sich mit ihnen zu arrangieren. Sowohl die Femerichter wie auch Gibiser erscheinen damit als Vertreter der männlichen Doppelmoral. Die Kostümierung der beiden jungen Männer erhält unter dieser Perspektive eine zusätzliche und anzügliche Bedeutung.

Bedrohlich wie das Kostüm der jungen Männer wirken auch die **Trauerkutsche und ihr Kutscher**. Die zuvor eher unbestimmte Atmosphäre des Bedrohlichen deutet nun konkreter auf Tod und Sterben hin. Auf diese Weise wird auch bereits das Opfer der schönen Unbekannten motivisch angedeutet.

Neben den Femerichtern ist wiederholt von **zwei geheimnisvollen Herren** die Rede, so zum Beispiel im Zusammenhang mit dem Verschwinden Nachtigalls (S. 74) oder mit dem Tod der „Baronin" im Hotel (S. 92 f.). Gibiser, die Trauerkutsche, die Femerichter, die zwei Herren, sie alle befinden sich sozusagen im Dunstkreis der geheimnisvollen Vorgänge in der Villa. Gibiser, der Kutscher und die Femerichter sind düstere Vorboten der Ereignisse, die zwei Männer erscheinen wie Exekutoren an denjenigen, die gegen die Gesetze der geheimen Gesellschaft verstoßen haben.

Die geheime Gesellschaft

Die Personen, denen Fridolin in der Villa begegnet, sind durchweg maskiert und bleiben während seines Verweilens anonym. Die einzige, die etwas aus ihrer Anonymität heraustritt, wenn auch nur durch Äußerungen, ist diejenige der Frauen, die auf Fridolin zugeht und deren körperliche Schönheit auf ihn wie ein Zauber wirkt. Anfangs sind alle Personen als **Mönche** beziehungsweise **Nonnen** verkleidet, möglicherweise ein Hinweis auf die Nähe der Gesellschaft zu religiös-konservativen Kreisen, vielleicht aber auch die besondere Akzentuierung eines geheimnisvollen Lebens, wie es von Laienseite nicht selten in Klöstern vermutet wurde (und wird). Dies ändert sich urplötzlich. Aus den Mönchen sind bunt gewandete **Kavaliere** geworden, die **Nonnen** stehen **nackt** im Raum, nur ihre Gesichter bleiben durch Schleier und Larven verborgen. Die neue Konstellation weist zahlreiche Merkmale einer traditionsverhafteten Gesellschaft auf, in der es Beherrschende (die Kavaliere) und schutzlos Ausgelieferte (die nackten Frauen), Eingeweihte und Eindringliche (Fridolin), Genießer und Lustobjekte gibt. Nimmt man die **schöne Unbekannte** aus (vgl. *Interpretationshilfe,* S. 51 ff.), so ist die geheime Gesellschaft in ihren Grundstrukturen gar nicht so weit entfernt von der gesellschaftlichen Einstellung Fridolins, sofern man von der *Gewalt* als einem wesentlichen Element der Verhältnisse innerhalb der Geheimgesellschaft absieht. Es besteht eine weiter nicht begründete oder hinterfragte Hierarchie zwischen den Männern und den Frauen. Eigenartig ist angesichts dieses Sachverhalts die Tatsache, dass die Orgie ihre Grenzen hat: Es gibt keine Möglichkeit für die Männer, sich einzeln mit einer Frau zurückzuziehen. Eine vollständige Triebbefriedigung ist nicht möglich, weder den Eingeweihten noch dem Eindringling. Gewisse gesellschaftliche Normen behalten die Oberhand über die Kräfte des *Es*.

Die einzige Person in der geheimen Gesellschaft, die gewisse humane Zeichen setzt, ist die schöne Unbekannte. Sie warnt Fridolin mehrmals, sie will Schaden von ihm abwenden, und sie will sich schließlich sogar für ihn opfern. Eine Änderung von Fridolins Position bewirkt dies nicht. Nach einer vorübergehenden Erschütterung landet er wieder bei seiner gesellschaftlichen Grundeinstellung: Wenn diese Frau an der Gesellschaft teilnahm, dann konnte sie eigentlich nur eine Dirne sein, wie alle „Weiber" auf dem Fest (vgl. S. 60). Die geheime Gesellschaft ist letztlich nichts anderes als ein Spiegel der Gesellschaft, in der Schnitzler lebte und der er – trotz seines Wissens, selbst dazuzugehören – sehr kritisch gegenüberstand. Die Attribute der Irrealität, des Geheimnisvollen und das fast vollständige Fehlen individueller Elemente rücken diese Wirklichkeit in die Nähe eines Traumes, eines Traumes, der nicht echt ist und der Seele daher auch keine Erfüllung geheimer Wünsche ermöglicht.

Der Alltag

In vollständigem Kontrast zu den Mitgliedern der geheimen Gesellschaft und zu den Frauen auf dem Weg in eine Traumwelt stehen – neben weiter nicht erwähnenswerten Kutschern, Studenten, Hoteldirektoren, Dienern etc. – die beiden **Doktoren Roediger und Adler**. Beide sind erfolgreiche und tüchtige Vertreter ihrer Wissenschaft, beide verhalten sich freundlich, lassen aber kaum Emotionen erkennen. Während bei Roediger eine eher biedere Beflissenheit zu spüren ist, dominiert bei Adler ein distanziert-spöttisches Verhalten. Er lässt gegenüber Fridolin durchblicken, dass er das eigentliche Motiv für dessen Besuch in der Totenkammer richtig einschätzt. Auf den aufgewühlten Fridolin wirkt dieses Verhalten fast schon enttraumatisierend.

Hauptpersonen	Fridolin	Albertine
Nebenfiguren	Vorboten: *das dänische Mädchen* zwei Dominos drei Frauen unterwegs: Marianne, Mizzi, Pierrette	*der junge Däne* der Unbekannte die kleine Tochter das Hauspersonal
Wegbereiter Randfiguren	*Nachtigall* Gibiser Femerichter Zwei Herren	
Die geheime Gesellschaft	„Mönche" – Kavaliere „Nonnen" – nackte Frauen die schöne Unbekannte	
Alltag	Doktor Roediger Doktor Adler	

3 Zentrale Aspekte

3.1 Emotionale Basis der Beziehung

Eine intakte Beziehung

Die ersten Abschnitte der *Traumnovelle* (S. 11 f.) lassen den Eindruck entstehen, Fridolin, Albertine und ihre kleine Tochter kämen der Vorstellung von einer intakten, glücklichen Familie sehr nahe: Die Eltern lieben und umsorgen ihr Kind, ihre gegenseitige Zuneigung zeigt sich in Blicken, Worten, Gesten und nicht zuletzt in der erotischen Anziehungskraft, die beide aufeinander ausüben: „[...] und nach einer raschen Wagenfahrt durch die weiße Winternacht sanken sie einander daheim zu einem schon lange Zeit nicht mehr so heiß erlebten Liebesglück in die Arme" (S. 12). Der Mann hat einen geachteten Beruf, welcher der Familie materielle Sorgen erspart, und die Frau ist – wie es damals üblich war – für die Betreuung des Kindes und einen geordneten Haushalt verantwortlich.

Dieses Bild von einer geradezu idealen bürgerlichen Familie, zu dem auch die von Albertine nicht ausdrücklich in Frage gestellte patriarchalische Grundeinstellung Fridolins passt, muss aber schon nach der Lektüre der Gespräche über die Redoute und insbesondere über die Urlaubsbegegnungen etwas korrigiert werden. Ist der Beginn noch durch Anspielungen, Doppeldeutigkeiten und Koketterie gekennzeichnet, überwiegen doch bald ernstere Töne. Da ist von „verborgenen, kaum geahnten Wünsche[n]“, von Bangigkeit, Selbstquälerei, „unlauterer Neugier“ und von einem „Unsagbare[n]“ die Rede (S. 13), das auf den Ehepartnern lastet und von dem man sich nur vielleicht durch „aufrichtige Beichte“ befreien könnte. Diese „Beichten“ vermögen es aber nicht, jegliches Misstrauen bei den beiden zu zerstreuen. Obwohl die Erzählungen den äußeren Hergang der Geschehnisse und die dabei empfundenen Gefühle wahrheitsgetreu wiedergeben, stellt sich keine innere Befreiung ein. Mehrere Reaktionen von Fridolin und Albertine auf die Geständnisse und Behauptungen des anderen machen deutlich, dass es – trotz der immer wieder beteuerten gegenseitigen Liebe und Offenheit – eine **tiefere Schicht** gibt, dass etwas zwischen den beiden ist, was noch nicht zur Sprache gekommen ist und die **Beziehung belastet** (vgl. *Interpretationshilfe,* S. 45 ff.). Fridolin beginnt seine Erzählung mit „verschleierter, etwas feindseliger Stimme“ (S. 15) und beschließt sie mit der Aufforderung: „Frag' auch du nicht weiter, Albertine“ (S. 17). Sie reagiert auf eine Liebeserklärung Fridolins mit einem trüben Lächeln und einem trüben, undurchdringlichen Blick, sie lässt „ihre Hände aus den seinen gleiten“ und meint vielsagend: „Ach, wenn ihr wüßtet“ (S. 18). Als sie ihre Erzählung über den Abend am Wörthersee beendet und ihm dabei ein Kompliment macht, bezweifelt er wiederum die Ehrlichkeit dieses Kompliments: „So sagst du in diesem Augenblick, so glaubst du vielleicht in diesem Augenblick. Aber –“ (S. 19).

Bereits diese noch keineswegs sehr dramatischen Akzente lassen ahnen, dass Unausgesprochenes zwischen Fridolin und Albertine steht. Was die beiden jedoch am Ende dieser Nacht – als Albertine ihren Traum erzählt – und der nächsten – als Fridolin von seinen nächtlichen Erlebnissen berichtet – noch voneinander zu hören bekommen, müsste eigentlich, da ja das Trennende noch viel deutlicher geworden ist, fast zwangsläufig zur Katastrophe führen. Dazu kommt es jedoch nicht. Weshalb nicht? Die mit und nach den Geständnissen offenkundig werdende Absicht, das im Traum und in der Realität Geschehene rational aufzuarbeiten, dem Partner gegenüber aufrichtig zu sein, hätte wohl nicht für eine Befreiung und einen Neuanfang genügt. Wenn bei Fridolin und Albertine nicht die **grundsätzliche Zuneigung**, eine gemeinsame Ebene des Fühlens und Denkens erhalten geblieben wäre, wenn sie einander gleichgültig geworden wären, hätten alle noch so gut gemeinten Versuche der Bewältigung des Problems wenig gefruchtet. Hartmut Scheible nennt dies die „**Intaktheit der affektiven Basis der Beziehung**" und zitiert in diesem Zusammenhang auch aus Schnitzlers Tagebüchern: „Das einzige Element, gegen das jeder Kampf nutzlos, ist Gleichgültigkeit, die aus Liebe wurde."[5] Dass die Beziehung auf der Gefühlsebene noch tragfähig ist, wird durch zahlreiche Gesten und Äußerungen der Zuneigung, auch in schwierigen Situationen, bestätigt: So zum Beispiel, als Albertine von der Begegnung mit dem Mann am dänischen Strand berichtet und nach dem Eingeständnis, beglückt über dessen Anblick gewesen zu sein, Fridolin daran erinnert, wie sie ihm gleich darauf über die Stirne gestrichen und liebevoll aufs Haar geküsst habe (S. 14). Als Fridolin von seinen nächtlichen Abenteuern nach Hause kommt, findet er Albertine so vor, wie sie ihm vertraut ist: Sie „lag ruhig, die Arme im Nacken verschlungen" (S. 64). Bevor sie ihm, nachdem er mehrfach darum gebeten hat, ihren Traum erzählt, streckt sie „ihm eine Hand entgegen; er nahm sie, und gewohnheitsmäßig […] hielt er wie spielend ihre schlanken Finger umklammert“ (S. 66). Als sie dann ihre Erzählung abgeschlossen hat, „merkte er, daß er immer noch ihre Finger mit seinen Händen umfaßt hielt und daß er, wie sehr er diese Frau auch zu hassen gewillt war, für diese schlanken, kühlen, ihm so vertrauten Finger eine unveränderte, nur schmerzlicher gewordene Zärtlichkeit empfand; und unwillkürlich, ja gegen seinen Willen, – ehe er diese vertraute Hand aus der seinen löste, berührte er sie sanft mit seinen Lippen“ (S. 73).

Nach der Rückkehr von seinem zweiten Nachtgang stellt Fridolin zuerst verwundert fest, dass Albertine die vergessene Maske so nahe an sein Bettpolster gelegt hat, dass er dies als Zeichen für ihre Bereitwilligkeit zur Versöhnung und Verzeihung begreifen kann. Darauf fängt er an, seine Erlebnisse wahrheitsgemäß zu erzählen und nicht, wie ursprünglich beabsichtigt, als angebliche Traumbilder. „Sie hob zuerst, wie in leiser Abwehr die Hand; er faßte sie, behielt sie in der seinen, sah wie fragend und zugleich bittend zu ihr auf, sie nickte ihm zu und er begann.“ (S. 102) Besonders auf der **nichtverbalen Kommunikationsebene** zeigt sich also, in welchem Maße die emotionale Bindung zwischen den beiden durch innere Ströme aufrecht erhalten wird, die nicht dem Willen oder rationalen Überlegungen unterworfen sind und die auch auf der verbalen Ebene kaum zum Ausdruck kommen können.

Die unerfüllten Wünsche – das Unbewusste

Eines der Merkmale von Albertines und Fridolins Ehe ist – wie ausgeführt – ihre große gegenseitige Zuneigung. Ihre Beziehung ist aber auch latenten Zweifeln und Momenten der Anspannung ausgesetzt, die sich gelegentlich in missmutigen Reaktionen, in Anwandlungen von Gleichgültigkeit oder sogar in Vergeltungs- und Rachegelüsten äußern. Worin sind die Ursachen für derartige **Gefühlskrisen** zu sehen? Antworten auf diese Frage sind bei den „Abenteuern“ – wie Albertine es nennt (S. 103) – zu finden, die eigentlich für zwei Menschen, die sich lieben und die in gutbürgerlicher Sicherheit zusammenleben, überhaupt nicht typisch zu sein scheinen: der **Traum** Albertines mit den erotischen Ausschweifungen und der Bestrafung Fridolins sowie die von den – uneingestandenen – Intentionen her ebenso ausschweifende **nächtliche Tour** Fridolins. Insbesondere der Traum weist auf ein Aktionsfeld der menschlichen Psyche hin, das seit Sigmund Freud (1856–1939) in den Mittelpunkt psychologischer Überlegungen und Forschungsanstrengungen gerückt ist: **das Unbewusste**.

Freud unterscheidet zwischen drei Bereichen der Psyche:

- dem *Über-Ich,* das die verinnerlichten Werte und Normen der Gesellschaft (also das Gewissen) repräsentiert;
- dem *Ich,* den Kräften der sich selbst verantwortenden Persönlichkeit;
- und dem *Es,* den Triebkräften, dem Unter- und Unbewussten.

Sigmund Freud (1856–1939)

Dieses Unbewusste offenbart sich nach Freud besonders deutlich im **Traum**. Eine Traumanalyse vermag daher Einblicke in die geheimen Wünsche und Sehnsüchte zu geben, vor allem dann, wenn sie völlig aus dem Bewusstsein verdrängt worden sind.

Arthur Schnitzler waren die Schriften Freuds – darunter *Die Traumdeutung* aus dem Jahre 1899 (veröffentlicht mit der in die Zukunft weisenden Jahresangabe 1900) – mit Sicherheit vertraut.[6] Umgekehrt sprach auch Freud bereits 1906 in einem Brief an Schnitzler von der „weitreichende[n] Übereinstimmung, die zwischen Ihren und meinen Auffassungen mancher psychologischen und erotischen Probleme besteht". Jahre später (1922) drückt er sich in einem weiteren Brief an Schnitzler noch deutlicher aus: „Ihr Ergriffensein von den Wahrheiten des Unbewußten, von der Triebnatur des Menschen [...], das alles berührte mich mit einer unheimlichen Vertrautheit. So habe ich den Eindruck gewonnen, daß Sie durch Intuition – eigentlich aber in Folge feiner Selbstwahrnehmung – alles das wissen, was ich in mühseliger Arbeit an anderen Menschen aufgedeckt habe."

Die Struktur der Persönlichkeit (nach Sigmund Freud)

ES	ICH	ÜBER-ICH
• unbewusster Teil der Persönlichkeit • ererbt bzw. konstitutionell festgelegt • Sitz der primären Triebe • irrational, impulsgetrieben • vom Lustprinzip bestimmt • drängt auf Ausdruck und unmittelbare Befriedigung	• vertritt das Bewusste • realitätsorientierter Aspekt der Persönlichkeit • nützt die Vernunft, den gesunden Menschenverstand • übernimmt Verantwortung und weist die Triebansprüche in ihre Schranken	• Sitz der Werte und Normen, erworben durch Erziehung oder andere Einflüsse von außen • entspricht in etwa dem Gewissen • enthält das ICH-Ideal, das von einer Person angestrebte Ideal • meldet sich, wenn ICH und ICH-Ideal differieren

Man kann also sicher annehmen, dass **Freud und Schnitzler** hinsichtlich der Bedeutung des Traums für die Erkenntnis unbewusster Gefühle, Wünsche und Sehnsüchte in etwa **dieselbe Position** vertreten haben. Daher erscheint es auch berechtigt, bei der Interpretation von Schnitzlers *Traumnovelle* zuweilen auf einschlägige Erkenntnisse von Sigmund Freud zurückzugreifen.

Wenn somit grundsätzlich vorausgesetzt werden kann, dass sich im Traum Gefühle artikulieren, die im Wachsein nicht eingestanden oder überhaupt nicht wahrgenommen werden, dann offenbart der Traum Albertines die Erfüllung von Wünschen und Vorstellungen, deren mögliche Realisierung ihr in der Wirklichkeit ihrer Ehe nicht bewusst geworden ist beziehungsweise die von Fridolin – auch wieder unbewusst und rollenbedingt – verhindert worden ist.

Es handelt sich in erster Linie um die **Erfüllung erotischer bzw. sexueller Wünsche** (Triebbefriedigung); darüber hinaus kommt in Albertines Traum ein starkes Bedürfnis zum Ausdruck, sich an Fridolin wegen seiner Ichbezogenheit und fehlenden Sensibilität gegenüber ihren geheimsten Wünschen zu **rächen** (eine nähere Betrachtung der Traumaussage erfolgt im übernächsten Abschnitt, vgl. *Interpretationshilfe,* S. 56 ff.).

Auch Fridolin erlebt Traumhaftes, allerdings in der Wirklichkeit. Sein nächtliches Abenteuer in der geheimnisvollen Villa (mit den Vorstufen der Begegnungen mit verschiedenen Frauen) hat traumhafte Züge, es verrät in seiner *Tendenz* das **Bedürfnis nach ungezügeltem Ausleben der Triebe**. Allerdings fehlt das Moment der Erfüllung, und zwar bei allen Schritten und Bemühungen. Fridolin bleibt irgendwie doch im Rahmen seiner sozialen Ordnung oder wird gehindert, diesen zu verlassen.

Beide, Fridolin und Albertine, verstehen nach dem Anhören der Erzählung des anderen mehr voneinander, mehr von ihrem Zusammenleben und auch mehr von dessen Krise und ihren Ursachen. **Entscheidend ist jedoch der Traum Albertines**. Er dringt in tiefere Schichten vor als die aus einer Mischung von rationalen und halbbewussten, manchmal auch wirren Elementen bestehenden Wünsche und Überlegungen Fridolins. Diese haben ihren Fluchtpunkt letztlich immer noch zu einem großen Teil in der konventionellen, bestehenden Ordnung.

Zusammenfassend kann gesagt werden, dass die Beziehung zwischen Fridolin und Albertine sowohl durch eine **starke persönliche Zuneigung** als auch durch **Defizite im Bereich erotischer Erfüllung** gekennzeichnet ist. Der Traum Albertines zeigt, wie sie diese Defizite empfindet, und lässt Fridolin spüren, wie er daran beteiligt ist. *Seine* Erlebnisse allein hätten dazu nicht genügt.

3.2 Wirklichkeit und Wahrheit einer Nacht – Fridolins Ausflug in eine Traumwelt

Fridolin ist ein fürsorglicher Ehemann und Familienvater, und gerade deshalb reagiert er „trocken", leicht „feindselig" (S. 15) und „spöttisch" (S. 19) auf die Erzählungen Albertines von ihrer Begegnung in Dänemark und von ihren Gefühlen vor ihrer Verlobung am Wörthersee. Was Albertine ihm hier offenbart, passt nicht in sein Bild von einer Ehefrau, deren erotische Wünsche nur in einem Rahmen Erfüllung finden sollten, der vom Ehemann vorgegeben wird. Fridolin muss davon Kenntnis nehmen, dass in Albertine Wünsche und Sehnsüchte schlummern, die er kaum geahnt hat und deren wirklicher Charakter ihm auch durch ihre Erzählungen noch nicht klar wird. Er tut sich anfangs etwas schwer, die Aufrichtigkeit seiner Frau durch die gleiche Ehrlichkeit zu honorieren und seinerseits die Gefährdung seiner ehelichen Treue zu ‚beichten' (vgl. S. 15). Auch wenn er sich Albertine gegenüber zur Wahrheit verpflichtet hat, geht er insgeheim wohl von einem **patriarchalischen Rollenverständnis** aus, das ihm als Mann mehr Recht einräumt, es mit der ehelichen Treue nicht so ernst zu nehmen, wie dies für Frauen zu gelten habe. Als er Albertine – nach einer Anspielung auf eine Jugendliebe – versichert, er habe „in jedem Wesen, das ich zu lieben meinte, […] immer nur dich gesucht" (S. 18), stellt sie ihm eine (rhetorische) Frage, die deutlich zeigt, dass sie sein Rollenverständnis durchschaut hat: „Und wenn es auch mir beliebt hätte, zuerst auf die Suche zu gehen?“ (S. 18) Fridolin reagiert verständnislos, so, „als hätte er sie auf einer Unwahrheit, einem Verrat ertappt“ (S. 18), und provoziert sie damit zu einer weiteren vielsagenden Äußerung: „Ach, wenn ihr wüßtet“ (S. 18). Sie meint damit nicht nur Fridolin, sondern alle Männer, die narzisstisch vor allem die **Befriedigung ihrer eigenen Bedürfnisse** im Blick haben und nicht wissen wollen, was in den Frauen vorgeht, worin ihre Wünsche und Sehnsüchte bestehen. Fridolin ahnt zwar etwas, die Augen gehen ihm aber erst später auf.

Als er das Haus verlässt, um Visite bei dem schwer kranken Hofrat zu machen, ist er offenbar gar nicht so traurig darüber, dass damit auch das schwierige Gespräch mit Albertine zu Ende ist: Er „küßte Albertine ziemlich zerstreut, als wäre das Gespräch der letzten Stunde aus seinem Gedächtnis schon weggewischt“ (S. 20). Die Begegnung mit Marianne, der Tochter des Hofrats, ist für Fridolin nicht von vornherein eine amouröse Episode, schließlich muss er als Arzt in ihr Haus. Darüber hinaus ist Marianne, die „in schwerer häuslicher Arbeit, anstrengender Krankenpflege und Nachtwachen langsam verblühte“ (S. 20 f.), ihm wohl auch nicht attraktiv genug. Ihr Gefühlsausbruch überrascht ihn nicht, denn ihm ist bewusst, „daß sie in ihn verliebt war oder sich einbildete, es zu sein“ (S. 25). Er liebt sie nicht, dennoch fühlt er sich zu Gesten der Zärtlichkeit veranlasst: Er küsst sie auf die Stirn und zieht sie an sich. Dies geschieht wohl teilweise aus Mitleid; daneben sind aber wohl auch **Rachegefühle gegenüber Albertine** beteiligt, an deren Abenteuer in Dänemark er sich gerade grollend erinnert; und schließlich kann auch eine mit der Eitelkeit des begehrten Mannes – Marianne gesteht ihm ihre Liebe – verbundene **erotische Spannung** nicht ausgeschlossen werden.

Diese durch **Kräfte des „Es“** bedingte Spannung dauert auch nach dem Ende des Krankenbesuchs noch an, sie hindert ihn daran, sofort wieder nach Hause zurückzukehren. Zwar fühlt er sich erleichtert, „einem schwermütigen Zauber, der keine Macht über ihn gewinnen sollte“ (S. 27), entronnen zu sein, doch treibt ihn sein labiler psychischer Zustand weiter auf ungewisse Ereignisse und Abenteuer zu. Allerdings kristallisiert sich die Richtung immer deutlicher heraus: Er fühlt, dass er „noch mitten in seiner Jugend stand, eine reizende und liebenswerte Frau zu eigen hatte“ und – vor allem! – „auch noch eine oder mehrere dazu haben konnte, wenn es ihm gerade beliebte“ (S. 27 f.). Zu derartigen Überlegungen fühlt er sich berechtigt, zumal er sich wieder in Rachegefühle gegenüber dem jungen Dänen (den er gerne im Duell töten würde) und gegenüber der „untreuen“ Albertine hineinsteigert. Daher kommt es auch fast zwangsläufig dazu, dass er sich in einer anrüchigen Gasse von einer jungen, durchaus anmutigen Dirne, Mizzi, auf ihr Zimmer mitnehmen lässt (S. 30 ff.). Dort kommt es aber nicht zum Geschlechtsverkehr, denn anfangs wehrt Fridolin das Mädchen ab – **die Kräfte des „Ich“ sträuben sich noch gegen jene des „Es“** –, und als der „Kampf“ zugunsten des *Es* entschieden ist, verweigert sich das Mädchen, wohl deshalb, weil es ihn nicht in Verlegenheit bringen will, sich vor einer Geschlechtskrankheit fürchten zu müssen (S. 32 f.). Fridolin, das lässt sich nach diesen zwei Begegnungen mit Frauen schon sagen, befindet sich in einer Verfassung, in der **sexuelle Wünsche und aggressive Regungen**, beide durch Kräfte des *Es* bestimmt, sein Verhalten steuern, auch wenn ihm dies kaum bewusst ist. Er fühlt sich „[w]ie heimatlos, wie hinausgestoßen“ (S. 34), und dennoch kann er sich nicht entschließen, einfach nach Hause zu gehen, denn im Verlauf des abendlichen Gesprächs mit Albertine hat sich etwas zwischen ihn und seine Frau gedrängt, womit er nicht umgehen kann: **dass sie ähnliche erotische Wünsche und Sehnsüchte hat wie er.**

In dieser Situation hat die Begegnung mit Nachtigall für ihn einen wegweisenden Charakter. Er erfährt von dem Pianisten, dass dieser bei einem Maskenball spielen wird, bei dem auch nackte Frauen anwesend sind. Dies erregt Fridolin so stark, dass er alle Energien mobilisiert, um zu diesem Ball zu kommen. Das gelingt ihm schließlich auch, nachdem er zwischendurch nicht vermeiden kann, dass auch die halbwüchsige, wie eine Pierrette gekleidete Tochter des Maskenverleihers Gibiser auf ihn einen gewissen erotischen Reiz ausübt.

Die Parole, die ihm Einlass in die Villa und Zugang zum Maskenball verschafft, lautet **„Dänemark"**. Damit ist eine Verbindung zwischen den Ereignissen in Dänemark, seiner Beziehung zu Albertine und dem Ort des Maskenballs angedeutet. Fridolins geheime erotische Wünsche scheinen in dem rätselhaften Szenarium eine Erfüllung finden zu können: Der „schwüle Wohlgeruch" (S. 50) in den Räumen, der Wechsel von getragener geistlicher Musik zu wilden, aufpeitschenden Klavierrhythmen, von würdig schreitenden Mönchen und Nonnen zu sich ungehemmt einem frivolen Tanz mit maskierten unbekleideten Frauen hingebenden „Kavalieren" vermitteln dem überwältigten Fridolin den Eindruck, dass er sich inmitten einer Orgie befindet, bei der alles möglich zu sein scheint. Im Mittelpunkt steht für ihn bald eine Frau, die ihn durch die Schönheit ihres Körpers über die Maßen fasziniert, die er heftig begehrt, aber nicht für sich gewinnen kann. Seine Sinne sind „fast [...] umnebelt", er hört sich, „wie man sich im Traume hört" (S. 53), er ist „wie trunken", „berauscht und durstig zugleich von all den Erlebnissen dieser Nacht" (S. 54). Sein Zustand und das, was er sieht, aber nicht begreifen kann, dies alles spielt sich in der **Realität** ab und trägt dennoch **Züge eines Traumes**: eines Traumes insofern, als die Situation unwirklich, fantastisch erscheint und trotzdem reale, wenn auch rational kaum fassbare Wünsche anspricht. Was Fridolin in diesen Wachträumen erlebt, gehört ebenso zu seiner **„innerste[n] Wahrheit"** (vgl. S. 103) wie das, was er mit vollem Bewusstsein am Bett eines Kranken denkt und fühlt. Seine Wahrheit ist sowohl die Wahrheit seiner Triebwelt, seines *Es,* das nach Erfüllung drängt, als auch die Wahrheit seines *Ich,* das eine verantwortliche Haltung von ihm fordert. Die Erfüllung stellt sich aber nicht ein, auf keiner Ebene. Schon im Vorfeld (Marianne, Mizzi, Pierrette) entpuppen sich seine Anwandlungen als inkonsequent. In der Villa bleibt er Außenseiter, weil er zwar die Eingangsparole, nicht aber die „Parole des Hauses" kennt, was schließlich dazu führt, dass sich die schöne Unbekannte für ihn opfern will, um ihn „auszulösen". Fridolins Versuch, sich mit der schönen Frau zurückzuziehen, bleibt vergeblich, denn obwohl sein Verlangen „fast unerträglich" (S. 51) ist, kann es nicht gestillt werden, weil „es [...] hier keine Gemächer [gibt], wie du sie dir träumst" (S. 53). Fridolin wird zum **Triebverzicht gezwungen**; es sind aber nicht ein starkes *Ich* oder die Normen des *Über-Ich,* die dafür sorgen, sondern Kräfte von außen, die ihn wieder in die gesellschaftliche Wirklichkeit zurückholen. Dass er sich tatsächlich nie ganz aus dieser Wirklichkeit entfernt hat, ist daraus zu ersehen, dass er sich nach seinem Aufbruch von der Villa die Frage stellt, ob die schönen Frauen in Wirklichkeit nicht doch Dirnen seien, die sich mit dem „Unberufenen" einen Spaß erlaubt hätten. Auch wenn er von diesem Gedanken teilweise wieder zurücktritt, lässt sich daraus doch entnehmen, dass er in seinen **patriarchalischen Vorstellungen verhaftet** bleibt, die ihn daran hindern, tiefer über das Geschehene nachzudenken. Seine Erlebnisse in der Villa sind **fantastische Abenteuer**, erreichen aber **noch nicht die Stufe eines wirklichen Traums** (wie das bei Albertine der Fall ist), in dem die Kräfte des Unbewussten Rangordnungen und Abstufungen vermischen.

Eine besondere Rolle innerhalb der rätselhaften Geschehnisse spielt das **Opfer**, das die schöne Unbekannte für Fridolin zu bringen bereit ist. Wiederholt ermahnt sie ihn, die Villa zu verlassen, eindringlich warnt sie ihn davor, seine Identität zu verraten, fast flehentlich versucht sie ihm klarzumachen, dass sie nicht mit ihm fortgehen kann, „so wenig – wie mit irgendeinem andern" (S. 54). Er ist jedoch nicht von der Idee abzubringen, sie für sich zu gewinnen. Er ist wie gebannt von einem „ungestillte[n], quälende[n] Verlangen nach dem wundersamen Frauenleib" (S. 55), und er will aus der Nacht noch mehr machen als „ein schattenhaft wüstes Nacheinander von düsteren, trübseligen, skurrilen und lüsternen Abenteuern, deren doch keines zu Ende gelebt worden war" (S. 55 f.). Dies führt schließlich dazu, dass die Frau bereit ist, ihn, den unbefugt Eingedrungenen, auszulösen, um ihn vor einer Bestrafung durch die geheimnisvolle Gesellschaft zu retten. Dass dies ein schweres Opfer ist, lassen die Äußerung eines Kavaliers – „Du weißt, was du damit auf dich nimmst" (S. 57) und ihre eigene Reaktion auf seinen Rettungsversuch – „du würdest dich verderben, ohne mich zu retten" (S. 58) – erkennen. Das Opfer, das mit dem Verlust des Lebens gleichzusetzen ist, wie dies die Frau auch schon angedeutet hat (S. 54), ist in seiner Dimension eigentlich nicht verständlich. Es gibt keine engere Beziehung zwischen der Frau und Fridolin, auch wenn sie ihm wohlgesonnen ist. Auch er selbst vermag das Opfer nicht zu erklären: „Aber welchen Anlaß hatte sie, sich für ihn zu opfern? Zu opfern –? War sie überhaupt eine Frau, für die, was ihr nun bevorstand, was sie nun über sich ergehen ließ, ein Opfer bedeutete [...] konnte sie überhaupt etwas anderes sein als eine Dirne?" (S. 60) Dies sind die Gedanken Fridolins, nachdem er die Villa verlassen hat. Sie zeigen, dass er die Dimension des Opfers nicht erfassen kann. Weil sie ihm unbegreiflich ist, verlagert er das verstörende Erlebnis – wenigstens vorübergehend – auf eine Ebene, die ihm vertraut ist, auf die Ebene der gesellschaftlichen Ordnung. Hingegen wird er sich nicht darüber klar, dass die Frau mit ihrem Opfer für sein eigenes **Gewissen** einsteht.

Schon mit den Informationen von Nachtigall über den Charakter der Bälle in der Villa hat sich bei Fridolin das Bedürfnis nach körperlicher Befriedigung sinnlicher Lust enorm verstärkt. Sobald er sich in der Villa befindet, erliegt er sofort der sich in den unbekleideten Körpern der Frauen darbietenden und durch die aufreizende Musik zusätzlich verstärkten Verlockung. Er kann sein Verlangen kaum noch bezähmen, schlägt die Warnungen der schönen Unbekannten in den Wind und ist sogar bereit, Gefahr für sein eigenes Leben auf sich zu nehmen. „Er lachte wieder und kannte sein Lachen nicht", „er war berauscht und durstig zugleich" (S. 54), die **Kräfte des „Es"** haben nun beinahe die ausschließliche Gewalt über seine Persönlichkeit gewonnen. Natürlich ist ihm das nicht bewusst. Es kommt ihm nicht in den Sinn, über persönliche Motive oder gar Wesenszüge der Unbekannten nachzudenken, seine „Zuneigung" gilt nur ihrem Körper. Daran ändern auch seine Überlegungen nichts, sich – so oder so – „ritterlich" aus der Affäre ziehen zu wollen (S. 55). Erst die Erklärung der Frau, ihn auslösen und damit auch alle Folgen auf sich nehmen zu wollen, bewirkt, dass Fridolin innehält. Sein Gewissen, die **Sprache des „Über-Ich"**, meldet sich, er ist bereit, die Maske abzulegen und die Folgen seines Verhaltens zu tragen. Sein Eingeständnis, er „fühle, daß ich in ein Schicksal geraten bin" (S. 58), macht deutlich, dass er kurzzeitig spürt, dass sein Verhalten auf extreme Weise in die persönlichen Belange eines anderen Menschen hineingewirkt hat. Diese Einsicht dauert nicht lange, wenig später will er die „Aufklärung des Abenteuers […] in Angriff […] nehmen" (S. 59 f.) und reduziert er das Opfer auf ein abgekartetes Spiel (S. 60).

Die **Bilanz** der erlebnisreichen und verwirrenden Nacht ist für Fridolin nicht einfach, **nicht klar und nicht endgültig**: Es besteht kein Zweifel daran, dass ein latentes Bedürfnis nach Befriedigung sexueller Lust außerhalb seiner Ehe seinen Weg durch das nächtliche Wien bestimmt hat. Dieses Bedürfnis ist –

ihm unbewusst – durch die gegenseitigen Geständnisse der erotischen Verlockungen in Dänemark insofern ausgelöst worden, als das ihm bis dahin Unbekannte, Andere in Albertines Wesen bei Fridolin sowohl einen **erotischen Reiz** als auch das Bedürfnis nach „**Vergeltung**" hervorruft. Es kommt dabei nicht zum Ausdruck, inwiefern in seiner Ehe mit Albertine die Erfüllung erotischer Bedürfnisse möglicherweise auch nicht ganz seinen geheimen Wünschen entsprochen hat.

Das Wiener Rathaus an der Ringstraße, gegenüber dem Burgtheater.
„Er überquerte den Rathausplatz, der trüb erglänzte wie ein bräunlicher Teich, und wandte sich dem heimatlichen Josefstädter Bezirk zu." (S. 28) – „Von der Uhr des Rathausturmes schlug es halb acht. Es war übrigens gleichgültig, wie spät es war; die Zeit lag in völliger Überflüssigkeit vor ihm. Nichts, niemand ging ihn an." (S. 86)

Sicher ist, dass seine Wünsche und Sehnsüchte während seiner nächtlichen Eskapaden keine Erfüllung finden. Seine Erlebnisse sind eben – trotz ihres fantastischen Charakters – nicht mit einem Traum gleichzusetzen, der eine Erfüllung hätte beinhalten können, wie dies bei Albertine der Fall ist (Freud definiert den Traum geradezu als Wunscherfüllung). Die Wirklichkeit, die auch die Wirklichkeit von Fridolins gesellschaftlicher Grundeinstellung ist, lässt sich nicht ganz verdrängen. Der Moment, als das „**Über-Ich**", symbolisiert durch die Opferbereitschaft der schönen Unbekannten, Fridolins Streben nach Triebbefriedigung Einhalt zu gebieten scheint, **bleibt flüchtig**, wirkt aber in ihm nach. Die „Wirklichkeit einer Nacht" ist nicht zugleich Fridolins „innerste Wahrheit" (vgl. S. 103). Dies erweist sich am Ende der *Traumnovelle.*

3.3 Kein Traum ist völlig Traum

Bevor Albertine aus ihrem Traum erwacht, zeigt ihr Gesicht eine verzerrte, fremdartige Mimik, dabei lacht sie schrill und unheimlich auf, sodass der von seinen nächtlichen Abenteuern heimgekehrte Fridolin gewaltig erschrickt. Sein Befremden steigert sich noch, als „ein Ausdruck der Abwehr, der Furcht, ja des Entsetzens" die erwachende Albertine erfasst, wobei sie die Arme emporstreckt, „sinnlos und wie verzweifelt" (S. 65).

Bereits diese vom Unterbewusstsein gesteuerten Gesten und Mienen weisen darauf hin, dass insbesondere der letzte Teil des Traums, aber auch das plötzliche Erscheinen Fridolins – das die gerade Erwachende noch mit dem Geschehen im Traum verbindet – sehr starke Affekte in Albertine auslösen. Dass sie im Traum Aufwühlendes erlebt hat, zeigt sich auch noch nach dem endgültigen Erwachen: Auf Fragen Fridolins will sie anfangs nicht recht antworten, später liegt sie neben ihm, und beide „fühlten gegenseitig ihre Nähe, ihre Ferne" (S. 66). Dann aber beginnt sie – nach einer weiteren Aufforderung Fridolins – mit ihrer Traumerzählung, „und es war, als hätte sie diese Aufforderung nur erwartet" (S. 66).

Für Schnitzler hatte, wie bereits angedeutet, der Traum die einmalige Bedeutung, „sowohl Glücks- als Unglücksfälle quasi chemisch rein darzustellen" und zu „letzten Gefühlswahrheiten

[zu] kommen, deren sich im Wachsein unsre Eitelkeit schämt – die für das Wachsein kaum wahr sind."[7] Der zentralen Bedeutung des Traums für Albertine, für eine Reflexion der beiden Eheleute über ihr bisheriges Zusammenleben und für eine Zukunftsperspektive trägt der Autor auch dadurch Rechnung, dass er der eigentlichen Erzählung, wie oben geschildert, eine kurze „Einstimmung" voranstellt, ganz im Sinne der „steigenden Handlung" im Drama. Der weitere Verlauf der Traumhandlung weist ebenfalls typische Züge eines Dramas auf, wobei **jedes einzelne Handlungselement als Teil eines unbewussten psychischen Geschehens** gedeutet werden kann. Auf einige besonders grell und befremdlich erscheinende Handlungselemente soll im Folgenden etwas näher eingegangen werden:

- Die Traumhandlung beginnt in dem Zimmer einer Villa am Wörthersee, in der Albertine mit ihren Eltern im Sommer ihrer Verlobung gewohnt hat. Bereits hier zeigt sich, wie an vielen Stellen, dass die Orte, Geschehnisse und Personen sehr eng mit jenen aus dem Alltag beziehungsweise aus der Realität verknüpft sind. Damit verweist der Autor auf den **Zusammenhang von Traum und Wirklichkeit**.
  In der Villa soll – im Traum – am nächsten Tag die Hochzeit zwischen Albertine und Fridolin stattfinden, aber das Brautkleid ist noch nicht da, stattdessen hängen im Kleiderschrank zahlreiche bunte, opernhaft-prächtige Kostüme. Das fehlende Brautkleid deutet möglicherweise den Wunsch Albertines an, die Hochzeit möge noch verschoben werden, oder ihr Bedauern darüber, dass sie für ihr Gefühl zu früh kommt. Auf der anderen Seite lacht, symbolisiert durch die bunten Kleider, die Vielfalt eines faszinierenden freien Lebens.
- Dennoch findet die Hochzeit statt, der Bräutigam ist in prächtiger Aufmachung erschienen, und zwar gewissermaßen als märchenhafter Prinz Amgiad aus dem Kinderbuch ihrer Tochter (vgl. S. 11 und 67). Auch darin wird deutlich, wie der

Traum sich die „Tagesreste“, scheinbar nebensächliche Eindrücke und Erinnerungen des Träumers, anverwandelt, sie in einen neuen Kontext stellt und ihnen eine fremde, tiefere Bedeutung gibt. Die Jungvermählten schweben glücklich über der vertrauten Landschaft dahin und finden sich schließlich im Brautgemach wieder, das von einem weiten blauen Sternenhimmel überzogen ist. Ihre liebende Vereinigung ist gleichermaßen innig wie auch „ganz schwermütig wie mit einer Ahnung von vorbestimmtem Leid“ (S. 67 f.). Diese Situation verdeutlicht, dass die junge Frau *noch* daran glaubt, dass sich in ihrer Ehe auch ihre **Sehnsucht** nach einem ungebundenen, in jeder Hinsicht (also auch in sinnlicher) **freien Leben** erfüllen könnte. Dafür steht der unendliche Himmel über dem Brautgemach. Die zu diesem Zeitpunkt – im Traum und im Leben – gegebenen Voraussetzungen lassen diesen Wunsch vorläufig als illusionär erscheinen. Darauf weist die schwermütige Ahnung der Liebenden hin.

- Am Morgen sind plötzlich alle Kleider verschwunden. Albertine ist von brennender Scham, aber auch von Zorn auf Fridolin erfüllt, dem sie die Schuld an dem Malheur gibt. Wer nackt ist, kann sich in der zivilisierten Welt nicht mehr überall frei bewegen. Insofern macht sich in Albertines Scham ihr *Über-Ich* bemerkbar. Die Nacktheit im Traum steht zuerst einmal in Zusammenhang mit der Hochzeit. Unbewusst baut sich in der träumenden Albertine eine Aggression gegenüber Fridolin auf, der ihr durch die Heirat die Freiheit genommen hat. **Für diesen Verlust der Freiheit steht der Verlust der Kleider.** Dass Fridolin fortläuft, um neue Kleider zu beschaffen, vermag Albertine nicht zu versöhnen. Im Gegenteil, sie ist froh, als er weg ist. Daran zeigt sich, dass sie nicht betreut, umsorgt sein will; dies ist ja ein Merkmal der sozialen Absicherung, die Männer Frauen – insbesondere zu der Zeit, in der und über die Schnitzler schrieb – bieten, um sie abhängig zu machen und andere Wünsche in ihnen zu unterdrücken. Es ist folgerichtig, dass Albertine später auch nicht beeindruckt ist, als Fridolin ihr neue Kleider, Schmuck und andere schöne Dinge bringt. Sie findet sein „Gebaren über alle Maßen töricht und sinnlos“ (S. 72). Er kann ihr auf materieller Ebene nicht das ersetzen, was er ihr auf erotischer Ebene in der Ehe vorenthalten hat. Dass sie nun nicht mehr der „Sicherheit“ der Kleider bedarf, um sich frei bewegen zu können, hat damit zu tun, dass sie inzwischen eine **neue, größere Freiheit** kennen gelernt hat:

- Auf der Wiese, auf der sie ruht, ist ein junger Mann erschienen, der wie der Däne im Urlaub aussieht (**Bezug zur Vorgeschichte**). Nach wiederholtem Verschwinden und Wiederauftauchen lässt er sich bei ihr nieder, und es beginnt – zuerst zu zweit, dann gemeinsam mit vielen anderen Paaren – ein unbeschreibliches Liebesfest inmitten einer „weithin gedehnte[n], blumenbunte[n] Fläche“ (S. 70). Albertine ist sich während ihrer Erzählung immer noch sicher, dass „es gewiß nichts in unserer bewußten Existenz“ gibt, „das der Gelöstheit, der Freiheit, dem Glück gleichkommt, das ich nun in diesem Traum empfand“ (S. 70). **Im Traum erfüllen sich die Wünsche und Sehnsüchte**, die sie in der Realität eher vage empfunden, kaum geahnt und sich auch nicht eingestanden hat (vgl. ihr Gespräch mit Fridolin, S. 13). Es sind die Sehnsüchte nach **ungebundener, freier erotischer Erfüllung**. Im Traum melden sich gegen diese Erfüllung keinerlei Gewissensbisse *(Über-Ich)* oder rationale Einwände *(Ich)*. Vielmehr fordert der **Aggressionstrieb** *(Es)* auch noch **Rache** für die durch Fridolin erlittenen Kränkungen:
- Albertine beobachtet, wie Fridolin von einer Menschenmenge verfolgt, wie er von Soldaten ergriffen, wie er gefesselt wird, und sie weiß, dass er hingerichtet werden soll, weil er schuldig geworden ist. Das zweimalige Angebot der Fürstin,

die identisch mit dem Mädchen vom dänischen Strand ist (**Bezug zur Vorgeschichte**), ihr Geliebter beziehungsweise ihr Gatte zu werden, schlägt er aus. Albertine wundert sich nicht, dass er so handelt, „denn es war vollkommen in der Ordnung und konnte gar nicht anders sein, als daß du mir auf alle Gefahr hin und in alle Ewigkeit die Treue halten mußtest" (S. 71). Die Auspeitschung Fridolins verfolgt sie ohne Anteilnahme, sie ist sich ihrer „Grausamkeit bewußt" (S. 71). Schließlich registriert sie auch noch, wie man ein Kreuz für Fridolin aufrichtet, und ist versucht, ihn zu verhöhnen „gerade darum, weil du aus Treue zu mir die Hand einer Fürstin ausgeschlagen, Foltern erduldet und nun hier heraufgewankt kamst, um einen furchtbaren Tod zu erleiden" (S. 72). Dies erscheint, aus realistischer Sicht, völlig unangemessen, denn das Ausmaß der Albertine von Fridolin zugefügten Kränkungen – die im realen Gespräch nur selten und sehr vorsichtig angedeutet sind, vor allem im bereits mehrfach angeführten vagen Hinweis: „Ach, wenn ihr wüßtet." (S. 18) – steht in keinem nachvollziehbaren Verhältnis zur **Grausamkeit der Rache** im Traum. Wie ist diese Grausamkeit zu erklären?
Die Episode Fridolins mit dem dänischen Mädchen hat in Albertine wohl stärker nachgewirkt, als sie es sich bewusst gemacht hat. Gerade weil es sich um ein junges Mädchen gehandelt hat, stellt sie zum Zeitpunkt der Erzählung Vergleiche an, deren Ergebnis von ihr, die ja nun schon wesentlich älter ist, nicht mehr gut verarbeitet werden können.
Dazu kommt das generelle Gefühl von Defiziten in ihrer Ehe. **Die in ihrem Unbewussten schlummernden Aggressionen fordern Vergeltung** und damit Sühnung. Diese Forderung verschafft sich im Traum eine ungehemmte, gewaltsame Befriedigung. Das weiß Albertine, sonst hätte sie bei ihrer Erzählung nicht zugegeben, sie sei sich ihrer „Grausamkeit bewußt" gewesen. Der Wille, der die Kräfte des *Über-Ich* hätte

stärken und damit den üblichen Normen Geltung verschaffen können, ist im Traum nicht handlungsfähig. Eine letzte Steigerung der Aggression kommt allerdings nicht zustande: Albertine beteiligt sich nicht an der Folterung Fridolins. Ihr bewusstes *Ich* (das sich Derartiges nie gestatten würde) wirkt doch noch in die Hemmungslosigkeit des Unbewussten hinein.[8] Vielmehr delegiert sie die Bestrafung Fridolins an die mädchenhafte Fürstin. Diese Konstellation bietet eine mehrfache Wunscherfüllung: Das in der Wirklichkeit von Fridolin begehrte Mädchen wird nun von ihm abgewiesen, was zum Anlass für seine Folterung wird; Albertine triumphiert über die junge Nebenbuhlerin. Da diese nun keine Gefahr mehr für sie darstellt, kann sie sich partiell mit ihr identifizieren und so die Bestrafung Fridolins auskosten, ohne sich deswegen schuldig fühlen zu müssen; denn es ist ja die Konkurrentin, die Fridolin so leiden macht. Albertine genießt die Tat, ohne selbst als Täterin verdächtig zu sein. Sie kann es sich in dieser Position sogar erlauben, ihre eigene „Grausamkeit" – weil sie kein Mitgefühl mit Fridolin hat – einzuräumen. Das *Über-Ich* darf auch im Traum ein Wort mitreden, weil gewährleistet ist, dass das *Es* auch so auf seine Kosten kommt.

- Am Ende des Traums, der gefolterte Fridolin wankt auf seine Kreuzigungsstätte zu und Albertine läuft ihm entgegen, beginnen beide plötzlich zu schweben, schweben aber aneinander vorbei. Albertine reagiert darauf mit einem schrillen Lachen: „Da wünschte ich, du solltest doch wenigstens mein Lachen hören, gerade während man dich ans Kreuz schlüge" (S. 72). Dass die beiden aneinander vorbeischweben, macht deutlich, dass sich die sinnliche Seite der Beziehung, symbolisiert durch das Schweben – so die Deutung von Hartmut Scheible im Nachwort zur Novelle (S. 120) –, nicht mehr im Gleichklang mit der individuellen Zuneigung der beiden Menschen zueinander befindet. Man könnte auch sagen, dass sich im Traum die erotischen Wünsche Albertines gleichsam verselbstständigt haben, auch eine weitgehende Erfüllung finden, allerdings ohne die für eine vollkommene Liebesbeziehung nötige persönliche Liebe. Der Traum verdeutlicht etwas, was sich auch im Alltag der Ehe von Albertine und Fridolin schon angebahnt hat, aber nie angesprochen worden ist: **das nicht mehr vollständige Intaktsein der fragilen Verbindung von erotischer Erfüllung und persönlicher Zuneigung**. Die Bestrafung Fridolins ist eine unbewusste, triebgesteuerte Reaktion auf die Enttäuschung Albertines über diesen offenbar bereits sehr spürbar gewordenen Zustand.

Im Gegensatz zu den traumähnlichen, jedoch realen nächtlichen Abenteuern Fridolins führt der **Traum Albertines tatsächlich näher an die Wahrheit dessen heran, was zwischen** den beiden steht und was es zu bewältigen gilt. Dies ist am Ende auch Fridolin bewusst: „‚Und kein Traum', seufzte er leise, ‚ist völlig Traum'" (S. 103).

3.4 Niemals in die Zukunft fragen

Wenn Albertine ihren Traum nicht erzählt hätte und wenn Fridolin seine nächtlichen Abenteuer nicht der Realität entsprechend dargestellt hätte, wäre es am Ende nicht zu einem Einvernehmen zwischen den beiden gekommen. Erst **rückhaltlose Offenheit** auf beiden Seiten **vermag eine Katastrophe zu verhindern**. Diese Offenheit gründet wiederum darauf, dass die Beziehung emotional noch intakt ist (vgl. *Interpretationshilfe,* S. 41 ff.). Albertine hat in ihrem Traum die Erfüllung von Wünschen erlebt, die in der Realität bisher unerfüllt geblieben sind. Die Tatsache als solche – die ja wesentlich mehr als nur *geträumte* Wirklichkeit ist – *und* ihre Offenlegung bewirken eine gewisse Befreiung sowohl von unterdrückten triebhaften Bedürfnissen als auch vom Druck des *Über-Ichs,* des Gewissens, welches ihr die Abkehr von den Normen vor Augen halten und sie dadurch in eine neue Krise treiben könnte. Es kommt zu einem **Gleichgewicht zwischen der Schicht der sinnlichen Bedürfnisse** (die ja nicht verschwunden sind!) **und jener des selbstverantwortlichen**, die Erlebnisse nicht verdrängenden, sondern verarbeitenden „**Ich**".

Albertine fällt es anfangs nicht leicht, Fridolin ihren Traum zu erzählen. Mehrmals weicht sie aus: „Ich kann mich nicht recht besinnen." – „Es war so wirr – und ich bin müde. Und du mußt doch auch müde sein?" – „Du solltest dich doch noch ein wenig hinlegen." (S. 65 f.) Doch plötzlich beginnt sie nach einer weiteren Aufforderung Fridolins zu erzählen, „als hätte sie diese Aufforderung nur erwartet." Dabei streckt sie „ihm eine Hand entgegen" (S. 66). Das heißt, in ihr gewinnen Kräfte die Oberhand, welche sich der Alleinherrschaft des *Es* entgegenstemmen. Es sind die **Kräfte des „Ich"**, welches das Erlebte nun doch gemeinsam mit Fridolin verarbeiten will, unterstützt von der – durch die ausgestreckte Hand verkörperten – nach wie vor starken emotionalen Bindung an den Partner. Albertine hat in diesem Moment auch die Rolle der nur reagierenden Ehefrau abgelegt. **Sie ist aktiv geworden** und bleibt es auch, wenn man an die Geste denkt, die letzten Endes den Anstoß dazu geben wird, dass auch Fridolin seine nächtlichen Erlebnisse detailliert schildert: das Niederlegen der Maske auf das Kopfkissen Fridolins.

Seine Absicht war es ursprünglich, Albertine seine Erlebnisse zwar zu erzählen, „doch so, als wäre alles, was er erlebt, ein Traum gewesen – und dann, erst wenn sie die ganze Nichtigkeit seiner Abenteuer gefühlt und erkannt hatte, wollte er ihr gestehen, daß sie Wirklichkeit gewesen waren" (S. 101). Im Gegensatz zu den Wirkungen des Traums auf Albertine haben seine **Abenteuer keinerlei Befreiung** in ihm bewirkt. Zum einen ist es ihm nicht geglückt, auch nur in einem einzigen Fall eine Erfüllung seiner geheimen Wünsche zu erlangen, wobei dies bei der schönen Unbekannten besonders schmerzhaft gewesen ist, zum anderen macht ihm sein „**Über-Ich**“ **in Form seines Gewissens** zu schaffen. Es wird durch das Opfer der Frau versinnbildlicht (vgl. *Interpretationshilfe,* S. 52 ff.), berührt aber auch sein Verhalten gegenüber Albertine. Als er von seinem ersten Streifzug nachts um vier Uhr nach Hause kommt, begründet er sein langes Ausbleiben damit, dass er die Angehörigen des toten Hofrats nicht gleich habe allein lassen können (S. 65). Ihm ist bewusst, dass er Albertine hintergehen wollte und gedanklich auch schon hintergangen hat. Dies reicht jedoch noch nicht, um ihn zu einer Revision seiner Gedanken und Gefühle zu bewegen. **Albertines Traumerzählung löst in ihm Hass- und Rachegefühle aus**; deshalb begibt er sich noch einmal fort, um „seine eigenen Erlebnisse [. . .] alle zu Ende zu erleben, sie ihr dann getreulich zu berichten und so Vergeltung zu üben an dieser Frau“ (S. 72 f.). Auch diese **zweite Runde verläuft deprimierend**, und erst nach der durch Albertines Verhalten ausgelösten wahrheitsgetreuen Wiedergabe seiner gesamten Erlebnisse kann sich auch bei Fridolin ein Gefühl der Befreiung einstellen. Erst jetzt ist er imstande, Albertines Traum als übersteigertes Gleichnis ihrer gemeinsamen Ehewirklichkeit anzuerkennen: „‚Und kein Traum‘, seufzte er leise, ‚ist völlig Traum‘“ (S. 103). Albertine wiederum weiß, dass das, was sie von Fridolin gehört hat, nicht ein vollständiges Abbild seines Wesens ist: „So gewiß, als ich ahne, daß die Wirklichkeit einer Nacht, ja daß nicht einmal die eines ganzen Menschenlebens zugleich auch seine innerste Wahrheit bedeutet“ (S. 103).

Beide haben sich dafür entschieden, einander rückhaltlos die Wahrheit zu sagen, und beide wissen sie nun, dass sie **auf der Grundlage dieser neuen Offenheit einen Neuanfang wagen** können. Sie wissen aber ebenfalls, und Albertine deutet es an, dass das Gleichgewicht zwischen den unterschiedlichen, häufig unbewussten Strömungen in ihrer beider Psychen und damit in ihrer Beziehung auch in Zukunft nicht leicht aufrechtzuerhalten sein wird. In jedem der beiden Menschen bleibt bei aller Nähe zueinander ein unbekannter, unergründbarer und unkontrollierbarer Sektor.

4 Die dichterische Form: Novelle

Die Novelle gehört zu denjenigen literarischen Gattungen, die durch eine **straffe Handlungsführung** und einen **klaren, konsequenten Aufbau** gekennzeichnet sind. Insofern kann sie auch als die „epische Schwester des Dramas“ (so Theodor Storm) bezeichnet werden. Auch die *Traumnovelle* ist sehr klar aufgebaut (vgl. *Interpretationshilfe,* S. 25 ff.); das Geschehen entfaltet sich allerdings zweisträngig und nicht einsträngig wie in der klassischen Novelle. Die beiden in den Kapiteln IV und V mitgeteilten zentralen Ereignisse, die ja thematisch miteinander vernetzt sind, haben eine entscheidende Bedeutung für das weitere Zusammenleben von Fridolin und Albertine. Sie sind, nachdem über sie gesprochen wurde, ausschlaggebend für ein neues Selbstverständnis, für ein besseres Verstehen des Partners und damit für ein neues Fundament der Beziehung. Daher kann man diese zentralen Erlebnisse auch als **Wendepunkte** in der Novellenhandlung betrachten, wobei dem Traum eine herausgehobene Bedeutung für die Offenbarung unbewusster Gefühle und Gedanken zukommt.

Die Handlung der *Traumnovelle* beruht auf Vorgängen, die zum Teil fast unwirklich erscheinen. Damit ist nicht der Traum Albertines gemeint, denn in einem Traum ist alles möglich und damit auch „realistisch“, sondern das Geschehen in der geheimnisvollen Villa einschließlich der seltsamen Begleiterscheinungen (etwa die Trauerkutsche, der Maskenverleiher Gibiser, die beiden Femerichter). Bei näherer Betrachtung stellt sich aber heraus, dass auch die extrem vom Üblichen, Alltäglichen abweichenden

Handlungselemente als **grundsätzlich möglich** gedacht beziehungsweise erklärt werden könnten. Dies entspricht einem wichtigen Aspekt der Novellendefinition, die **August Wilhelm Schlegel** in seinen 1803 und 1805 gehaltenen *Vorlesungen über schöne Literatur und Kunst* gegeben hat.

Ein weiteres Merkmal der Novelle besteht nach Schlegel darin, dass sie, wie das Drama, eine **Lösung** enthält, von der her das Geschehen seine Bedeutung erhält, die also über die fiktionale Wirklichkeit der Handlung hinausweist. In der *Traumnovelle* wird diese Lösung vor allem durch die abschließenden Feststellungen von Albertine und Fridolin über Wahrheit, Traum und Wirklichkeit eher angedeutet als dezidiert zum Ausdruck gebracht. Dies ändert aber nichts daran, dass die Krise zwischen den beiden als vorläufig bewältigt erscheint.

In keiner der bekannten Merkmalsbeschreibungen der Novelle fehlt der Hinweis auf den **Neuigkeitscharakter** des Erzählten, auf den bereits der Begriff Novelle hindeutet. Er leitet sich von dem italienischen Wort **novella** ab, das eine „kleine Erzählung einer neuen beziehungsweise noch nie vernommenen Begebenheit“ bezeichnet. Ein weiteres, häufig genanntes Merkmal der Novelle ist der **Vorrang des Geschehenen gegenüber Zuständen, Befindlichkeiten**. Während der Neuigkeitscharakter, das Ungewöhnliche, ja, beinahe Irreale der *Traumnovelle* außer Zweifel stehen, muss der zweite Aspekt, die Priorität des Geschehenen, hinsichtlich der *Traumnovelle* teilweise insofern etwas relativiert beziehungsweise erweitert werden, als die Ereignisse hier sowohl auf Elementen der äußeren Handlung als auch auf solchen der inneren Handlung beruhen. Die seelischen Folgen von Erlebnissen, ihre Verarbeitung oder ihre Auswirkungen auf die seelische Verfassung der Personen, also letztendlich „Zustände“, haben in Schnitzlers Text denselben Rang wie die auslösenden Ereignisse selbst (vgl. die Reaktion auf Albertines Traumerzählung, S. 72 f.).

Die *Traumnovelle* enthält einige **Rückblenden** (vgl. *Interpretationshilfe,* S. 73). Sie machen auf eine Besonderheit der Novellenstruktur aufmerksam, nämlich auf die Tatsache einer **Rahmenkonstruktion**: In den **Rahmen**, die in der Gegenwart von zwei Tagen ablaufenden Geschehnisse, sind einige Erzählungen („Binnenerzählungen") eingebettet, die in der Vergangenheit stattgefunden haben, so zum Beispiel die Urlaubserlebnisse und insbesondere die Traumerzählung Albertines, deren Vorgänge und Wiedergabe ja auch zu verschiedenen Zeiten stattfinden. Strukturen dieser Art kennzeichnen zahlreiche Novellen aus früheren Epochen, vor allem aber das große Vorbild aus der Renaissance, Giovanni Boccaccios Novellenzyklus *Decamerone*. Die Rahmenkonstruktion in Schnitzlers Novelle unterstreicht dabei weniger eine behauptete Authentizität der Vorgänge (Rahmen als „Quelle") oder den gesellschaftlichen Bezugsrahmen, sondern eher die Vielschichtigkeit und netzartige Verknüpfung von Erlebnissen, Gedanken, Gefühlen und Erinnerungen.

Schließlich ist noch kurz auf die **„Falkentheorie"** einzugehen, wonach gemäß einer 1871 formulierten Forderung von **Paul Heyse** jede Novelle ein markantes Motiv, Symbol oder etwas Ähnliches (den so genannten „Falken") aufweisen müsse, das an entscheidenden Stellen immer wiederkehre und auf Allgemeingültiges verweise. Diese an **Giovanni Boccaccios „Falkennovelle"** angelehnte Theorie lässt sich am leichtesten auf solche Texte anwenden, in denen ein bestimmter Gegenstand, zum Beispiel ein Amulett, diese Funktion erfüllt. In der *Traumnovelle* ist ein derart über sich hinausweisender Gegenstand (ein „Dingsymbol") nicht festzustellen. Die Wiederkehr des Motivs „Dänemark" zeigt sich nicht an allen entscheidenden Stellen und besitzt auch nicht das Gewicht eines „Falken". Die „Falkentheorie" erscheint daher für die *Traumnovelle* als nicht relevant. Das ist freilich kein Grund, das Werk Schnitzlers nicht der Gattung „Novelle" zuzuordnen.

Die „Traumnovelle“ und Gattungsmerkmale der Novelle

Gattungsmerkmale	„Traumnovelle“	Abweichungen
• Neuigkeitscharakter (ital. novella)	• Ungewöhnlichkeit der inneren und äußeren Handlung	
• Realitätsbezug aller Handlungen, auch der unwirklich erscheinenden	• zum Beispiel die Geschehnisse in der Villa und beim Maskenverleiher	
• Vorrang des Geschehens gegenüber Zuständen, Befindlichkeiten		• Gleichwertigkeit der inneren und äußeren Handlung
• straffe Handlungsführung, klarer, übersichtlicher Aufbau	• vergleichbar dem Aufbau eines klassischen Dramas	• Zweisträngigkeit („Doppelnovelle“)
• Wendepunkte	• nächtliche Abenteuer Fridolins, Traumerzählung Albertines	
• über die Handlung hinausweisende Lösung	• abschließende Einsichten Albertines und Fridolins in Bezug auf Wahrheit, Traum und Wirklichkeit	
• Rahmenkonstruktion	• Einbettung von Binnenerzählungen (etwa die Traumerzählung) in einen umschließenden Rahmen	
• „Falken“-Theorie		• für die „Traumnovelle“ nicht relevant

5 Erzählerische Gestaltung

5.1 Erzählerperspektive und Darbietungsformen

Die innere und äußere Handlung der *Traumnovelle* wird zum größten Teil aus der **Sicht Fridolins** geschildert; entsprechend kann der Leser dem Geschehen so folgen, als wäre er selbst an den verschiedenen Schauplätzen präsent. Diese **personale Erzählerperspektive** wirkt jedoch nicht so unmittelbar wie die Perspektive eines Ich-Erzählers, sondern schiebt zwischen Handlung und erlebendes Subjekt noch das Bewusstsein des Subjekts, das das Geschehen vermittelt. Das auffälligste Stilmittel, um die inneren Vorgänge der Hauptfigur, und damit die durch den Erzähler vermittelten Geschehnisse, wiederzugeben, ist die **erlebte Rede**. Ihre Form – 3. Person Indikativ und episches Präteritum – ermöglicht es, die Gefühle und Gedanken einer Person sowohl subjektiv als in gewisser Weise auch distanziert wiederzugeben. In einer Erzählung, in der die innere Handlung so stark im Mittelpunkt steht wie in der *Traumnovelle* (vgl. *Interpretationshilfe,* S. 29), hat die erlebte Rede einen besonderen Stellenwert. So zum Beispiel, als Fridolin nach der Begegnung mit den aggressiven Couleurstudenten darüber reflektiert, welche Gefahren er in seinem Leben schon bestanden hat und wie schonungslos er mit dem jungen Dänen umgehen würde (S. 29 f.). Auch andere psychisch bedeutungsvolle Situationen, etwa Fridolins Enttäuschung über seine Erfolglosigkeit in der Villa (vgl. beispielsweise S. 55 sowie S. 81 unten) oder seine Reaktionen auf den Anblick der toten Frau in der Pathologie (S. 98), werden durch die erlebte Rede dicht an den Leser herangerückt.

Noch wesentlich häufiger als die erlebte Rede verwendet Schnitzler den in der 1. Person mitgeteilten **inneren Monolog**, um unausgesprochene Gedanken wiederzugeben. Er war ja auch sein Begründer in der deutschsprachigen Literatur (vgl. *Interpretationshilfe,* S. 3 und 8). In der *Traumnovelle* begegnet der innere

Monolog dem Leser vor allem an Stellen, an denen äußere Vorgänge oder Eindrücke bei Fridolin spontane Gedanken beziehungsweise Gefühle auslösen, so zum Beispiel in der geheimnisvollen Villa: „Wo bin ich? dachte Fridolin. Unter Irrsinnigen? Unter Verschwörern? Bin ich in die Versammlung irgendeiner religiösen Sekte geraten?" (S. 50)

Die traditionelle Form des personalen Erzählens ist die sehr unmittelbar wirkende **Ich-Erzählung**. Diese Erzählerperspektive kennzeichnet die **Traumerzählung** von Albertine (S. 66–72). Die sehr lebendige, teilweise auch spontan wirkende Erzählung wird aber zweimal unterbrochen, einmal durch Fridolin (S. 67) und einmal aufgrund einer Gefühlsaufwallung von Albertine (S. 69). Dies führt zu einem geringfügigen Bruch hinsichtlich der Wirkung von Unmittelbarkeit. Noch schwerer ins Gewicht fällt allerdings, dass der gespannt zuhörende Fridolin mehrfach von der Erzählerin angesprochen wird, um ihm das Geschehen zu verdeutlichen und ihr Befinden während des Traums zu erklären, zum Beispiel durch folgende Erläuterung: „Aber so wie jenes frühere Gefühl von Entsetzen und Scham über alles im Wachen Vorstellbare weit hinausging, so gibt es gewiß nichts in unserer bewußten Existenz, das der Gelöstheit, der Freiheit, dem Glück gleichkommt, das ich nun in diesem Traum empfand." (S. 70)

Stellen wie diese zeigen sehr deutlich, dass die Traumerzählung trotz der Ich-Perspektive auch gewissermaßen auktoriale, das heißt kommentierende Elemente aufweist, da die Erzählerin der Binnenerzählung immer wieder zu ihren Traumerlebnissen und Empfindungen Stellung nimmt. Abgesehen davon gehört der Traum ja bereits der Vergangenheit an, es ist also auch eine zeitliche Distanz zwischen der Handlungszeit und der Erzählzeit vorhanden, die in der Verwendung des erzählerischen Präteritums zum Ausdruck kommt. Darüber hinaus ist festzustellen, dass die Traumerzählung eigentlich keine „echte" Ich-Erzählung ist, da der weitgehend zurücktretende Erzähler des Gesamttextes, der *Traumnovelle*, eine in dieser Novelle vorkommende Person, nämlich Albertine, aus deren Perspektive erzählen lässt. Diese Perspektive ist trotz der auktorialen Elemente **personal** und sie wirkt aufgrund der Ich-Form noch direkter als die oben beschriebene personale Perspektive Fridolins.

Einige wenige Passagen der *Traumnovelle* lassen ein **neutrales Erzählverhalten** erkennen: der Erzähler bleibt im Hintergrund, vermittelt das Geschehen aus einer gewissen Distanz und mischt sich nicht urteilend, fragend oder reflektierend ein.

Ein typisches Wiener Kaffeehaus.
„Er trat in ein Café, eines der vornehmeren, stilleren in der Nähe des Rathauses, telephonierte nach Hause, daß man ihn zum Abendessen nicht erwarten solle, […], dann setzte er sich an ein Fenster und zog den Vorhang zu." (S. 90)

Kennzeichnend für dieses Erzählverhalten sind der – meistens chronologische – **Erzählerbericht** (z. B. S. 21), gelegentlich auch eine **Beschreibung** (z. B. S. 97) und nicht zuletzt die **direkte Rede**. Wenn Erzählerbericht und direkte Rede auf Breite und Genauigkeit angelegt sind, spricht man von **szenischer Dar-**

stellung (z. B. S. 39 ff.: Gespräch zwischen Fridolin und Nachtigall). In solchen Passagen ist eine gewisse Nähe zum **auktorialen Erzählen** spürbar, denn der Erzähler äußert sich zwar nicht direkt, aber scheint alles zu überblicken, „allwissend" zu sein. Dieser Eindruck könnte auch bei der Schilderung der Vorkommnisse in der geheimnisvollen Villa entstehen (S. 49 ff.), soweit sie nicht **unmittelbar** aus der Perspektive Fridolins erfolgt. Dennoch verraten eingestreute kurze Feststellungen – etwa „Fridolin erkannte sofort" (S. 51); „und er vermutete, daß das Geschöpf an seiner Seite" (S. 52) –, dass **alle Geschehnisse in der Villa** aus der Perspektive Fridolins dargestellt werden. Der Erzähler weiß zwar, was in Fridolin vorgeht, er ist im Hinblick auf ihn „allwissend", nicht aber in anderer Hinsicht.

5.2 Zeitgerüst

Abgesehen von den Passagen, in denen die szenische Darstellung beziehungsweise persönliche Äußerungen in der direkten Rede dominieren (**Zeitdeckung**), überwiegt die **zeitraffende Erzählweise**, bei der die Erzählzeit kürzer ist als die erzählte Zeit. Allerdings ist gerade dann, wenn die Intensität der Gefühle zwischen Fridolin und Albertine oder auch bei Fridolin allein sehr stark in den Mittelpunkt tritt, ein **zeitdeckendes**, teilweise sogar zur **Zeitdehnung** führendes Erzählen festzustellen, so etwa auf den Seiten 55 und 73 Mitte oder am Schluss der Novelle, auf Seite 102 f.

Die *Traumnovelle* basiert zu einem nicht unwesentlichen Teil auf Geschehnissen, die – jeweils vom Standpunkt des Erzählenden beziehungsweise sich Erinnernden aus gesehen – in der **Vergangenheit** stattgefunden haben. Das sind insbesondere die Urlaubserlebnisse von Fridolin und Albertine (S. 14–19) und die Vorgänge in Albertines Traum (S. 66–72). Daneben gibt es noch einige kürzere Passagen, in denen die Gedanken Fridolins zurück in die Vergangenheit gehen, so zum Beispiel bei der Begegnung mit Nachtigall, als er sich an dessen unstete, lockere Lebensweise erinnert (S. 36 –38), bei seinen Reflexionen über eben Erlebtes (S. 87 f.) oder beim Anblick der toten Frau in der Pathologie (S. 98). An diesen Stellen wird die Zeitstruktur der Novelle durch **Rückblicke bzw. Rückblenden** bestimmt, wobei die zeitlichen Ebenen der Ereignisse in der Vergangenheit sich zusätzlich unterscheiden (vgl. Traum Albertines und ihr Rückblick auf die Verlobung am Wörthersee). Die **Vorausdeutung**, als die beispielsweise Fridolins mehrfach bekräftigter Vorsatz zu klassifizieren ist, die schöne Unbekannte wiederzufinden (S. 79, 91 f.), bestimmt im Gegensatz zur Rückblende die Zeitstruktur nur in einem geringen Maße. Es ist ja sogar so, dass Albertine beim abschließenden Gespräch mit Fridolin den Blick in die Zukunft angesichts der vielen Unwägbarkeiten im Leben als gefährlich bezeichnet: „Niemals in die Zukunft fragen“ (S. 103). Vorausdeutendes Erzählen, wie es sich etwa in Prognosen oder Visionen äußern könnte, entspräche nicht der am Schluss der Novelle gezogenen Bilanz, und es wäre auch nicht unbedingt typisch für den Autor Arthur Schnitzler.

5.3 Sprachstufe – Satzbau – Wortwahl

Die *Traumnovelle* zeichnet sich durch eine genau nuancierende, auch feinste Gefühls- und Ausdrucksschwankungen erfassende Sprache aus. Persönliche Äußerungen sind auf die jeweilige Situation, die Gefühlslage und das Wesen der einzelnen Menschen abgestimmt. Die Ebene der gepflegten **Literatursprache**, in der auch **Archaismen** nicht fehlen (etwa „obzwar“, S. 12, „hinanstieg“, S. 14, „indes“, S. 45), wird nur an wenigen Stellen verlassen, so etwa, wenn **mundartliche Elemente** (Mizzi, S. 31, Nachtigall, S. 39 f.) oder Ausdrücke aus einem bestimmten **Jargon** (Medizinerjargon bei Doktor Adler, S. 95 f.) die Schilderung einer Situation auflockern oder das Profil einer Person verdeutlichen sollen.

Die Subtilität des Sprachgebrauchs äußert sich sowohl in der überaus genauen, differenzierenden **Wortwahl** als auch in der Vielfalt und dem Abwechslungsreichtum der **Satzbauformen**. An der Syntax fällt besonders auf, dass die Passagen, in denen schwierige Themen im Mittelpunkt von Gesprächen stehen (etwa S. 11–15) oder in denen die innere Handlung dominiert (S. 59 f., 62 f.), durch eine ausgeprägte **Hypotaxe** gekennzeichnet sind. Der Kompliziertheit der Bezüge und Zusammenhänge sowie der Gefühle der Menschen entspricht die Vielfalt der Bezüge und Zusammenhänge in den Sätzen. Der folgende Satz zeigt dies sehr deutlich:

> *Jetzt dachte sie seiner andern, wirklicherer, dachte seiner Jünglingserlebnisse, in deren manche sie eingeweiht war, da er, ihrer eifersüchtigen Neugier allzu willig nachgebend, ihr in den ersten Ehejahren manches verraten, ja, wie ihm oftmals scheinen wollte, preisgegeben, was er lieber für sich hätte behalten sollen. (S. 17)*

An diesem Beispiel sind auch noch zwei weitere Besonderheiten von Schnitzlers Stil zu erkennen: Er verwendet sehr oft **Einschübe**, sei es in Form der **Parenthese**, der **Apposition** oder der **Partizipialkonstruktion**, um einen Sachverhalt noch genauer darzustellen, näher zu begründen oder zu „erläutern“ (so auch etwa S. 18: „‚Und doch –‘ sie sah ihm hell in die Augen – ‚lag es nicht an mir, [. . .]‘.“). Eine Art von **Ellipse**, also das Fehlen eines an sich notwendigen Gliedes in einem Satz, ist in Schnitzlers Novelle häufig an Satzenden festzustellen. In dem oben zitierten Satz fehlt nach „preisgegeben“ und gegebenenfalls nach „verraten“ das Hilfsverb „hatte“. Eigentlich fehlt es nicht, denn der Satz bleibt verständlich, der Autor hat vermutlich nur aus sprachästhetischen Gründen darauf verzichtet. Die Sätze wirken dadurch leichter, „schwebender“.

In Abschnitten, in denen schnell ablaufende Vorgänge – wie zu Beginn der Traumerzählung (S. 67 f.) – beziehungsweise ein dramatischer Vorgang – zum Beispiel in der Villa (S. 49 ff.) – geschildert werden oder Gespräche in den Erzählerbericht eingestreut sind (szenische Darstellung), dominiert der **parataktische Satzbau**, also aufeinander folgende kürzere Hauptsätze oder Satzreihen. Im Hinblick auf innere Vorgänge kommt den **Fragesätzen** eine besondere Bedeutung zu. In den Momenten, in denen Fridolin von Unsicherheit und Selbstzweifeln geplagt ist, stellt er sich – innerhalb einer erlebten Rede oder eines inneren Monologs – fortwährend Fragen; so zum Beispiel, nachdem er gezwungen worden ist, die Villa zu verlassen (S. 60 f.), als sich die Fragen geradezu auftürmen, ohne befriedigende Antworten zu finden.

Die Sprache der *Traumnovelle* ist, wie schon erwähnt, überaus genau und fein ausgewogen, sie vermittelt ein differenziertes, wo nötig, auch realistisches Bild von den Vorgängen (vgl. Fridolins Besuch in der Pathologie, S. 95), dem Verhalten der Personen und ihren Äußerungen. Sie trägt aber auf ebenso subtile Weise Gefühle, Gedanken und Stimmungen. In erster Linie geschieht dies durch die Wahl der **Adjektive, Adverbien, Partizipien und Verben** sowie durch die **Reihung von Begriffen**. Die folgenden Beispiele können dies verdeutlichen:

> *„Fridolin glaubte zu sehen, wie ihr Mund, ihre Stirn, ihr ganzes Antlitz mit beglücktem, verklärtem, unschuldsvollem Ausdruck lächelte, […].“ (S. 73) „Ein Entsetzen ohnegleichen erfaßte mich, brennende Scham bis zu innerer Vernichtung, zugleich Zorn gegen dich, als wärst du allein an dem Unglück schuld; – und all dies: Entsetzen, Scham, Zorn war an Heftigkeit mit nichts zu vergleichen, was ich jemals im Wachsein empfunden habe.“ (S. 68) „Herr Gibiser, als hätte er an der Türe gewartet, öffnete selbst, er war hager, bartlos, kahl, trug einen altmodischen geblümten Schlafrock und eine türkische Mütze mit einer Troddel, so daß er wie ein lächerlicher Alter auf dem Theater aussah.“ (S. 43)*

Die Schilderung von Situationen, Verhaltens- und Denkweisen, die innerhalb der insgesamt ohnehin sehr dichten Handlung noch besonders hervorgehoben werden sollen, zeichnet sich oft durch eine **Konzentration von Ausdrücken aus einem bestimmten Bereich** oder mit einer **bestimmten Tendenz** aus. So erkennt man zum Beispiel Fridolins Defizite im Hinblick auf die Einschätzung von Frauen an einigen abwertenden Ausdrücken („Dirnen", „Weiber", S. 60), spürt an der Sprache die unheimliche Stimmung vor und in der Villa („zwei Diener in dunkler Livree, die Gesichter grau verlarvt" – „dämmerigen, fast dunklen hohen Saal, der ringsum von schwarzer Seide umhangen war", S. 49) oder glaubt Zeuge eines Tribunals zu sein, als Fridolin von Mitgliedern der geheimen Gesellschaft mit harten Fragen und Befehlen zur Rede gestellt wird (S. 56 f.).

Eine zusätzliche Bereicherung erfährt die Sprache der *Traumnovelle* durch **besondere stilistische (rhetorische) Mittel**. Hier ist an erster Stelle die **Bildhaftigkeit** zu nennen, innerhalb welcher vor allem die zahlreichen **Personifikationen** auffallen. Wenn es beispielsweise heißt, dass „ein Hauch von Abenteuer, Freiheit und Gefahr sie angerührt" (S. 13) oder „Verwesung und Zerfall ihr Werk schon begonnen hatten" (S. 27), dann kommt Leben, Bewegung in diese Vorgänge, sie bleiben nicht auf Begriffe reduziert, sondern werden zu Schauplätzen mit unterschiedlichen Handlungen und Darstellern. Dahinter kann das Bestreben des Autors gesehen werden, die Bezüge zwischen den Menschen und den Dingen, zwischen den Menschen und ihren Gedanken und Gefühlen sowohl „fließender" und vielgestaltiger als auch dichter und enger erscheinen zu lassen. Dabei bleibt natürlich auch mehr Raum für Assoziationen als bei vorwiegend „eindimensionalen" Formulierungen.

Ähnliche Funktionen wie die Personifikationen haben die – nicht ganz so häufigen – **Metaphern**. Als Fridolin und Albertine sich in der Nacht nach der Redoute unterhalten, reden sie „von den geheimen Bezirken, nach denen sie kaum Sehnsucht verspürten und wohin der unfaßbare Wind des Schicksals sie doch einmal [...] verschlagen könnte" (S. 13). Die Metapher „der unfaßbare Wind des Schicksals" verdeutlicht die Unkontrollierbarkeit, Anonymität und Kraft des dem Menschen auferlegten Lebenswegs. Der abstrakte Vorgang erhält sinnlich erfassbare Konturen.

Dasselbe gilt für die an vielen Stellen der *Traumnovelle* anzutreffenden **Vergleiche**. Gerade wenn ein Vorgang oder Zustand noch eine Verdeutlichung zu benötigen scheint, weil er außergewöhnlich ist, können Vergleiche den Verständnisrahmen erweitern: „Der Gesang [in der Villa] schwoll wundersam an, [...] weltlich, üppig, wie eine Orgel brausend" (S. 51). – „[...] und plötzlich, als wären sie gejagt, stürzten sie alle, nicht mehr in ihren Mönchskutten [...]" (S. 51) – „Fridolin war wie trunken" (S. 54), später überfällt ihn Verlassenheit „wie Frost" (S. 55). Für die Intensivierung des Ausdrucks, für die Betonung oder eindringliche Vergegenwärtigung eines Zustands oder Vorgangs hat Schnitzler auch immer wieder „klassische" stilistische Mittel verwendet: die **Wiederholung** (z. B. S. 69), die **Correctio** (z. B. S. 67), die **Antithese** (S. 68), die **Klimax**, zum Teil in Form der **asyndetischen Reihung** (S. 70), den **Parallelismus** (z. B. S. 69), die **Alliteration** (z. B. S. 69) und die **Zweierfigur** (z. B. S. 70). Die angeführten rhetorischen Mittel (und noch zahlreiche andere) sind natürlich nicht auf die besonders emotionale, gelegentlich geradezu emphatische Traumerzählung Albertines (S. 66 ff.) beschränkt, sondern finden sich an vielen Stellen der *Traumnovelle.*

5.4 Symbole, Leitmotive

Neben den bereits angeführten Formen bildhaften Sprechens kommt insbesondere auch den **Symbolen** eine große Bedeutung zu. Symbole veranschaulichen „geistige Komplexe im

Wort", und zwar zwingender als andere Formen des sprachlichen Bildes. Die folgenden Beispiele aus der Traumerzählung Albertines lassen den ausgeprägten Verweisungscharakter von Symbolen deutlich erkennen: „Über uns aber war ein Sternenhimmel so blau und weit gespannt, wie er in Wirklichkeit gar nicht existiert [...]" (S. 67). Dieser Sternenhimmel, die Decke des Brautgemachs, symbolisiert die hohen Erwartungen der jungen Braut an die Ehe, nicht zuletzt auch im Hinblick auf sinnliche Erfüllung. Nicht viel später „war etwas Fürchterliches geschehen. Unsere Kleider waren fort" (S. 68). Das Verschwinden der Kleider, die erzwungene Nacktheit, symbolisiert hier die verloren gegangene Möglichkeit, sich frei, ungezwungen und souverän unter anderen Menschen darstellen und entfalten zu können. Daraus resultiert auch Albertines „Entsetzen, Scham, Zorn" (S. 68). Als sie sich dann aber, zusammen mit dem Dänen und vielen anderen Paaren, auf einer „weit[en], unendlich weithin gedehnte[n], blumenbunte[n] Fläche" einer freien Liebe überlassen kann, wird sie von Gefühlen „der Gelöstheit, der Freiheit" und des „Glück[s]" erfasst (S. 70). Das Fehlen der Kleider, die Nacktheit, symbolisiert nun Freiheit von Einschränkungen und Zwängen.

Auch an anderen Schauplätzen der *Traumnovelle*, zum Beispiel in der geheimnisvollen Villa, verweisen symbolische Handlungen oder Gegenstände auf tiefer liegende Bedeutungsschichten. So macht die „wundersame runde Bewegung", mit der die schöne Unbekannte den Schleier von ihrer Stirn loswindet (S. 59), auf sehr eindringliche Weise deutlich, dass sie sich in einen Zustand vollkommener Schutzlosigkeit begibt, dass sie sich ausliefert. Nach einer umfassenden Analyse der Symbolik in Schnitzlers *Traumnovelle* könnte man sich wohl Goethes Feststellung anschließen, dass „alle Dichtung als im weitesten Sinne symbolhaft" zu verstehen sei.

Nicht nur in der Musik, sondern auch in der Literatur haben **Leitmotive** eine bedeutungsvolle akzentuierende Funktion. Leitmotive sind bestimmte Äußerungen, Haltungen oder Gesten, die mehrfach wiederkehren und bestimmten Personen, Situationen oder Sachverhalten zugeordnet werden können. In der *Traumnovelle* sind es vor allem zwei sich zu Bildern zusammenfügende Haltungen beziehungsweise Gesten, die den Leser leitmotivisch zu entscheidenden Stellen der Novelle führen:

- Da ist einmal das nahezu unbewusste Zueinanderfinden und **Zusammenbleiben der Hände** von Albertine und Fridolin. Bevor sie mit ihrer Traumerzählung beginnt, streckt sie „ihm eine Hand entgegen; er nahm sie, und gewohnheitsmäßig, mehr zerstreut als zärtlich, hielt er wie spielend ihre schlanken Finger umklammert" (S. 66). Dies bleibt so während der gesamten aufwühlenden und für Fridolin ja äußerst deprimierenden Erzählung, und an deren Ende gesteht Fridolin sich ein, dass er, „wie sehr er diese Frau auch zu hassen gewillt war", für diese „ihm so vertrauten Finger eine unveränderte [...] Zärtlichkeit empfand" (S. 73). Diese Geste der Zuwendung (siehe auch noch S. 17 ff. und S. 102) verweist als Leitmotiv auf die auch in schwierigen Situationen noch vorhandene gegenseitige Zuneigung, auf die intakte emotionale Basis ihrer Beziehung (vgl. *Interpretationshilfe,* S. 41 ff.). Eine erschütternde Steigerung, an der Albertine nicht beteiligt ist, erfährt die Geste in der Totenkammer des pathologischen Instituts, als Fridolin „seine Finger wie zu einem Liebesspiel in die der Toten" schlingt (S. 98). Dies ist eine unwillkürliche Bewegung, verständlich aus der emotionalen Ausnahmesituation, in der Fridolin sich befindet. Die Geste inniger Zuneigung, sonst nur für Albertine bestimmt, gehört für diesen Moment der fremden Frau – Fridolins „Erwachen" aus seinen traumartigen Erlebnissen steht erst noch bevor.

- Ein weiteres Leitmotiv ist charakteristisch für Albertine: In zwei für sie – und für Fridolin – ganz entscheidenden Situationen, nämlich während ihres Traums (S. 64) und während Fridolins Erzählung (S. 102), liegt sie „**ruhig**" da, „**die Arme im Nacken verschlungen**". Dieses Bild steht für die auch in schwierigsten Momenten nicht zu erschütternde Fähigkeit Albertines, ganz sie selbst zu bleiben, und es steht gleichzeitig für die Intensität, mit der sie sich in ihre eigene Traumwelt und in die fremde Welt von Fridolins nächtlichen Abenteuern versenkt. Für Fridolin verkörpert diese Haltung die geliebte, ihm irgendwie aber auch noch rätselhaft erscheinende Persönlichkeit seiner Frau. Sogar, als sein Realitätssinn vorübergehend nicht mehr zuverlässig arbeitet, taucht – neben vielen anderen – auch Albertine „als tief Schlafende, die Arme unter dem Nacken verschränkt" als Mitglied eines gespenstischen Tableaus auf (S. 30).

Besonders eindringliche Leitmotive und Symbole

Leitmotiv	**Bedeutung**
• Zueinanderfinden und Zusammenbleiben der Hände von Albertine und Fridolin • Bild der ruhig daliegenden Albertine, die ihre Arme im Nacken verschlungen hält	• intakte emotionale Basis der Beziehung • Selbstkontrolle, Geduld, Eigenständigkeit des Denkens
Symbol	**Bedeutung**
• Nacktheit	• Ausgeliefertsein, Schutzlosigkeit – Freiheit und Glück
• Maske und der Platz, auf dem sie liegt	• Anonymität und Zuwendung
• Sternenhimmel	• Erwartungen der Braut an die Ehe
• Verlust der Kleider	• Verlust von Unabhängigkeit

Nicht als Leitmotiv, sondern als ein zentrales **Motiv**, als ein wesentliches stofflich-thematisches Element der *Traumnovelle* ist der **Traum** anzusehen.

Nur kurz sei noch auf die Bedeutung von **Gestik** und **Mimik** der handelnden Personen hingewiesen. Was sich nicht oder nur sehr schwer verbal ausdrücken lässt, äußert sich, wie zum Beispiel bei Marianne während Fridolins zweitem Besuch, in Tränen, in einem verwunderten Blick, in völliger Bewegungslosigkeit, in Schweigen, im Abwenden des Kopfes oder im Ignorieren der dargebotenen Hand. Ähnliche Beispiele finden sich auch an zahlreichen anderen Stellen.

6 Interpretation von Schlüsselstellen

Natürlich ist die Traumerzählung Albertines derjenige Abschnitt in der gesamten Novelle, der für die Entwicklung der inneren und äußeren Handlung eine zentrale Bedeutung hat, also eine Schlüsselfunktion besitzt. Wenn diese Traumerzählung dennoch nicht für die „Interpretation von Schlüsselstellen" ausgewählt wurde, so deshalb, weil sie in den vorhergehenden Abschnitten der „Textanalyse und Interpretation" auch bereits eine wesentliche Textgrundlage gewesen ist. Die für die folgenden Interpretationen ausgewählten Textstellen haben insofern ebenfalls eine Schlüsselfunktion, als in ihnen zum einen (S. 17–19) die psychischen Ursachen für die Krise zwischen Fridolin und Albertine mehr als nur angedeutet werden, und zum anderen (S. 101–103) ein Neuanfang auf der Grundlage völliger Offenheit in den Bereich des Möglichen rückt.

6.1 Zweifel (S. 17 bis 19: „Er stand immer noch […] Aber –'")

Die Handlung in diesem Ausschnitt der Novelle setzt ein, nachdem Albertine und Fridolin sich gegenseitig jeweils von einer Begegnung aus ihrem Urlaub in Dänemark erzählt haben. Das **Gemeinsame** an diesen Begegnungen war der ungeheuer starke **erotische Eindruck**, den der fremde Mann beziehungsweise die fremde Frau auf Albertine und Fridolin gemacht hatten, ein Eindruck, dem sie ihren eigenem Bekenntnissen zufolge nachgegeben hätten, wenn äußere Umstände dies nicht verhindert hätten. In der vorliegenden Passage zeigt sich nun, welche Wirkung die Urlaubserzählungen bei den beiden hervorgerufen haben, zeigen sich Reaktionen und Gegenreaktionen, die – zusammen genommen – einen Teil dessen offenbaren, was zwischen den vermeintlich so glücklich Verheirateten steht. Die Entwicklung vollzieht sich dabei in mehreren **Schritten**:

Zeilen 1 bis 9 („Er stand […] immer noch hart."):
Sowohl bei Albertine als auch bei Fridolin ist anzunehmen, dass sie von dem, was sie gehört haben, innerlich sehr bewegt sind. Albertines Miene verrät Leid, aber auch ein gewisses Unverständnis, während Fridolins Haltung und Stimme Reserviertheit, fast schon Härte signalisieren. Albertine unternimmt nicht den Versuch, das Ganze herunterzuspielen, sondern sie fordert sich selbst und ihren Mann auf, sich zukünftig immer alles gleich zu erzählen. Damit will sie – jetzt schon – die Beziehung in ein ruhigeres Fahrwasser zurückführen. Es ist gleichsam ein **Vorgriff auf den Schluss** der Novelle. Auch hier wird es ja die gegenseitige Offenheit sein, welche einen Neuanfang ermöglicht. Allerdings hat Albertine ja noch nicht ihren alles neu beleuchtenden Traum gehabt. Fridolin geht äußerlich auf den Vorschlag Albertines ein, kämpft aber offenbar noch mit ambivalenten (zwiespältigen) Empfindungen. Die **Antithese** zwischen seiner Haltung („Er zog sie an sich.") und seiner bestätigenden Frage („Weißt du das nicht?") auf der einen Seite und dem Klang seiner Stimme („noch hart") macht dies deutlich.

Zeilen 10 bis 24 („Sie nahm […] ihm entgegen."):
Fridolin spürt aber die Zuneigung Albertines und er spürt auch, wie sehr sie von seinen Erfahrungen mit anderen Frauen beunruhigt ist. Er versucht, sich in sie hineinzudenken, und glaubt sie

in Gedanken an seine früher von ihm preisgegebenen „Jünglingserlebnisse" versunken. Dass Albertine sich tatsächlich in einer derartigen **Rückwendung** verloren hat, ist daran zu ersehen, dass sie den Namen einer Jugendgeliebten Fridolins ausspricht, und zwar „wie aus einem Traum" (Z. 20 f.). Das **Motiv des Traums** taucht also schon lange vor der Traumerzählung Albertines auf. Damit kündigt sich bereits die Bedeutung an, die dem **Unbewussten**, den verborgenen oder verdrängten Gefühlen, für die Beziehung zwischen Albertine und Fridolin zukommt. Fridolin entnimmt aus der Art, wie Albertine den „halbvergessenen Namen" ausspricht, so etwas wie „Drohung" und „Vorwurf" (Z. 22 f.). Der subjektive Charakter dieser keineswegs völlig verfehlten Annahme wird durch die sprachliche Form des **Vergleichs** betont. Durch die Rückwendung wird die Vergangenheit mit der Gegenwart und ihren offenen Fragen und darüber hinaus mit der Zukunft, dem zentralen Traumerlebnis, verknüpft.

Zeilen 25 bis 41 („Er zog […] verschwiegen hast?"):
Wie kurz zuvor (Z. 8) scheint Fridolin auch jetzt bei Albertine keine Zweifel darüber aufkommen lassen zu wollen, dass er sie und nur sie liebt: Er zieht „ihre Hände an seine Lippen" (Z. 25) und versichert: „in jedem Wesen, das ich zu lieben meinte, habe ich immer nur dich gesucht" (Z. 27 f.). Albertine reagiert ablehnend und **mit Ironie** – „Und wenn es auch mir beliebt hätte, zuerst auf die Suche zu gehen?" (30 f.) –, denn sie will nun das nicht mehr akzeptieren, was sie immer akzeptiert hat, nämlich sich der **Konvention** zu fügen. Diese Konvention beinhaltet das ungeschriebene Vorrecht des Mannes gegenüber der Frau in allen Fragen und Bereichen der Partnerschaft, so unter anderem auch im Hinblick auf die Partnerwahl oder die Erfüllung sexueller Wünsche außerhalb beziehungsweise vor der Ehe. Albertine muss sich bestätigt sehen, als Fridolin auf ihre Bemerkung so reagiert, als habe sie eine Unwahrheit gesagt oder einen Verrat be-

gangen. Auch dies geschieht, wie so vieles in dieser Geschichte, mit einer **Geste**: „Er ließ ihre Hände aus den seinen gleiten" (Z. 32 f.). Für den Mann stellt sich die Bemerkung der Frau deshalb wie ein Verrat dar, weil sie seiner tief verankerten Überzeugung von der Stellung der Frau in einer Beziehung widerspricht. Albertine bleibt auch anschließend bei ihrer kühlen, ironischen Haltung. Mit der **Andeutung** „Ach, wenn ihr wüßtet" (Z. 35) macht sie jedoch klar, dass sie den **Vorwurf der Ignoranz** gegenüber den Wünschen und Gefühlen einer Frau nicht auf Fridolin allein bezieht, sondern auf **alle Männer**, die nicht begreifen wollen, was den Frauen ebenso zusteht wie ihnen selbst: das Recht auf nicht durch einseitig interpretierbare Konventionen behinderte Erfüllung erotischer Wünsche. Fridolin begreift dies zu diesem Zeitpunkt noch nicht einmal im Ansatz; er vermutet, dass Albertine ihm etwas verschwiegen hat, was sie ironisch bestätigt. Dabei kann es sich entsprechend seinen Denkkategorien nur um ein amouröses Abenteuer handeln.

Im Verlauf des knappen Dialogs in diesem Abschnitt hat Albertine ihren Mann erkennbar verunsichert, damit allerdings nicht erreicht, dass er gemerkt hätte, was er ihr schuldig geblieben ist. Vielmehr macht er sich über ihre Berechenbarkeit und Treue Gedanken. Eine große Aussagekraft haben bei diesem Gespräch die **Gesten** (z. B. der Hände), die **Augensprache** („kühl und undurchdringlich") und der **Klang der Stimme** („Härte"). Diese **nonverbalen Kommunikationsmittel** transportieren – nicht nur hier – teilweise tiefere Wahrheiten als die verbalen.

Zeilen 42 bis 50 („Sie nickte […] Und sie erzählte:"):
Wenn man von den nonverbalen Bekundungen ausgeht – in diesem kurzen Abschnitt kommen sie nur von Albertine –, dann wird klar, dass sie an Souveränität gewonnen hat und in dem Gespräch nun die Überlegene ist. Ihr „sonderbare[s] Lächeln" (Z. 42) und ihr heller Blick (Z. 47 f.) verunsichern Fridolin noch mehr, seine „[u]nfaßbare[n], unsinnige[n] Zweifel" (Z. 43) stei-

gern sich bis zur offenkundigen Empörung – „Albertine –!" (Z. 50) –, nachdem Albertine ihn eindeutig provoziert hat. Sie schockiert ihn mit der Mitteilung, dass sie eigentlich nur zufällig noch Jungfrau war – „lag es nicht an mir […]", (Z. 48 f.) –, als sie seine Gattin wurde. Diese Tatsache ist für Fridolin deshalb so unbegreiflich, weil Albertine noch nicht einmal 17 Jahre alt war, als sie sich verlobten. In diesem Moment bricht für ihn fast eine Welt zusammen, denn dieses Bekenntnis passt nicht in sein Bild von einer Ehefrau, die seinen patriarchalischen Grundüberzeugungen in jeder Weise gerecht wird. Die Bemerkungen Albertines lassen auch erkennen, dass der frühe Zeitpunkt der Heirat von ihr nun kritisch gesehen wird, denn er hat ihr eine sehr frühe Abhängigkeit – auch im Hinblick auf erotische Wünsche – eingetragen. Sie spannt Fridolin jedoch nicht länger auf die Folter, sondern erzählt ihm, was sie vorher nur angedeutet hat.

Zeilen 51 bis 68 („‚Es war am […] ich sagte ja.'"):
Die Erzählung Albertines **verfremdet** die Ereignisse insofern etwas, als sie Fridolin als einen „hübsche[n] junge[n] Mensch[en]" (Z. 53) bezeichnet, ohne seinen Namen zu nennen, und auch die näheren Umstände dieser ersten Begegnung so schildert, als habe es sich um ein wunderschönes, fast unwirkliches Abenteuer mit einem reizenden Fremden gehandelt. Die Gegend, in der sich alles abgespielt hat, ist der Wörthersee; die Landschaft, auf die sie aus dem Fenster blickt (Wiese, Wald, im Sommer), weist aber deutliche Ähnlichkeiten mit der Landschaft auf, die den Rahmen für Albertines Glücksgefühle im Traum bildet. Die Erzählung **nimmt** also in gewisser Weise **Elemente des Traums vorweg**. Albertines Eingeständnis, der „entzückende, junge Mensch" (Z. 57) hätte von ihr in der Nacht alles haben können, was er verlangt hätte, unterstreicht die Unbedingtheit ihres Gefühls zu diesem Zeitpunkt (vgl. Traumerzählung). Der „hübsche junge Mensch" war aber Fridolin, und er „sprach das Wort nicht aus" (Z. 65), das zu ihrer Hingabe geführt hätte, sondern er bit-

tet sie, seine Frau zu werden. Dies geschah fast zwangsläufig, entsprach aber nicht ihren innersten Gefühlen und Sehnsüchten, nämlich sich spontan und vorbehaltlos dem Geliebten hingeben zu können.

Wenn Albertine Fridolin, der ja an dem Geschehen ganz wesentlich beteiligt war, diese Begebenheit erzählt, dann will sie ihm damit signalisieren, dass die frühe Verlobung und Eheschließung nicht ihren innersten Wünschen entsprochen haben. Das ändert nichts an der Tatsache, dass sie an jenem Abend und auch später von Fridolin fasziniert war. Er schwebte ihr ja auch als Partner für das große spontane Glück vor, aber er hatte dies damals nicht begriffen, und begreift es immer noch nicht so recht.

Durch die Art ihres Erzählens, das zum einen an ein **Märchen**, aber auch an einen Traum erinnert – unwirklich schöne Landschaft; typische Eigenschaften des jungen Mannes; einfache, fast naiv anmutende Haltung des Mädchens; Konjunktiv als Ausdruck des Wünschens; Wiederholungen – und das zum anderen **sprachliche Distanz** zu dem anwesenden Fridolin bewahrt, werden die Gegensätze zwischen Realität und Wunschvorstellungen, zwischen der ursprünglichen Chance und der nachfolgenden Entwicklung aus Albertines Sicht besonders deutlich.

Zeilen 69 bis 83 („Fridolin ließ […] Aber –'"):
Eine weitere **Geste** bildet den Übergang zum letzten Schritt dieser Erzählphase: „Fridolin ließ unmutig ihre Hand los" – dass er sie vorher genommen hat, wird stillschweigend vorausgesetzt –, eine Geste, mit der er sein Missfallen unterstreicht und unbewusst auch seine Unsicherheit erkennen lässt. Mit der nachfolgenden spekulativen Äußerung, die von Albertine ebenfalls mit einer **Geste** beantwortet wird, beweist er, dass er die Dimensionen ihrer vorangehenden Äußerungen nicht ganz verstanden hat. Er merkt nicht, dass Albertine sich nicht einen anderen Partner, sondern eine andere Schlussfolgerung aus der wunderbaren Situ-

ation gewünscht hätte. Jetzt, nachdem das Gespräch so schwierig geworden ist, will sie Fridolin aber nicht weiter provozieren; sie glaubt ihn mit der Versicherung, der Abend am Wörthersee wäre ohne ihn „nicht so schön gewesen“ (Z. 79 f.), beruhigen zu können.

Velden am Wörthersee in Kärnten (Österreich), kurz vor 1900

Fridolins Reaktion, begleitet von spöttischer **Mimik**, verrät, dass er hinter Albertines beruhigender Versicherung eher einen Versuch vermutet, ihre Leichtfertigkeit an dem bewussten Abend – die er ihr unterstellt – zu verharmlosen. Der Ernst seiner letzten Worte (bevor er zum Besuch beim schwer kranken Hofrat gerufen wird) wird durch die **Wiederholung** der Wendung „in diesem Augenblick“ (Z. 81 f. und 82 f.) besonders betont. Er, so scheint es, ist über das erzwungene Ende des Gesprächs eher erleichtert, während Albertine ärgerlich wirkt, obwohl er ja nur seiner Pflicht nachkommt; das geht aus der Fortsetzung der interpretierten Textpassage hervor.

Die **Schlüsselstelle macht insgesamt klar**, dass Albertine bei aller Zuneigung zu Fridolin darunter leidet, dass sie durch eine allzu frühe und dann eher in konventionelle Bahnen einmündende Ehe vieler Freiheiten beraubt worden ist. Bei Fridolin vergrößert sich das bereits durch Albertines Erzählung von ihrer Urlaubsbekanntschaft in Dänemark angebahnte Unverständnis gegenüber Albertines Gefühlen und Gedanken, die ihm eigenwillig und aus seiner konventionellen Sicht auch befremdlich erscheinen. Darüber hinaus ist bei beiden, bei Fridolin noch mehr als bei Albertine, Eifersucht zu erkennen.

Mit diesem Gespräch, in dem mehrfach nichtverbale Ausdrucksformen den in dieser Situation zunehmend schwerer werdenden verbalen Ausdruck ersetzen müssen, wird deutlich, dass Fridolins und Albertines Beziehung eine ernste Krise erlebt. Das Gespräch bildet eine wesentliche Vorstufe zu den beiden Höhepunkten der Novelle, dem Traum Albertines und Fridolins nächtlichem Abenteuer in der geheimnisvollen Villa.

6.2 Offenheit und Versuch eines Neuanfangs (Kapitel VII, S. 101–103)

Diese Schlüsselstelle umfasst das ganze, sehr kurze, Kapitel VII. Das äußerst dichte Geschehen entfaltet sich in vier deutlich erkennbaren Schritten:

Zeilen 1–16 („Durch die finsteren [...] fragte er sich –"):
Fridolin kehrt von seiner zweiten nächtlichen Tour, an deren Ende er auch innerlich mit dem Abenteuer in der geheimnisvollen Villa abgeschlossen hatte, nach Hause zurück. Beim Anblick der schlafenden Albertine überrollt ihn buchstäblich eine Welle der Zärtlichkeit für seine Frau, und er nimmt sich vor, ihr seine Abenteuer so zu **erzählen**, als wäre alles ein **Traum** gewesen. Erst später will er ihr **gestehen**, dass alles **Wirklichkeit** gewesen ist.

Der erste Impuls für den Vorsatz, zuerst zu erzählen und dann zu gestehen, ist scheinbar ausschließlich emotional – „Ein Gefühl von Zärtlichkeit" (Z. 8) –, allerdings lässt die durchdachte Planung auch erkennen, dass sich eine rationale Komponente hinzugesellt hat. Nach den vorangegangenen Turbulenzen, verbunden mit dem Gefühl des Versagens und der Schuld, benötigt Fridolin „Geborgenheit“ (Z. 9). Die instinktive Sicherheit, diese Geborgenheit bei Albertine zu finden, resultiert aus dem zu keiner Zeit ganz verloren gegangenen Bewusstsein eines grundsätzlichen emotionalen Gleichklangs zwischen ihm und seiner Frau (vgl. *Interpretationshilfe,* S. 41 ff.). Deshalb, aber auch weil sein Gewissen, sein *Über-Ich,* in ihm arbeitet, will er es nicht bei der Erzählung eines angeblichen Traums belassen. Schon in diesem ersten Teil des Schlusskapitels spielen zwei Begriffe eine wesentliche Rolle: **Traum** und **Wirklichkeit**. Man kann sie durchaus als **Schlüsselbegriffe** bezeichnen. Wenn Fridolin seine nächtlichen Erlebnisse zuerst so erzählen will, als entstammten sie einem Traum, dann geht er vorläufig von einem anderen Traumverständnis aus als Albertine, für die der Traum ja eine Offenlegung tiefster Bereiche ihres Fühlens, Denkens und Wollens gewesen ist. Für Fridolin hat der Traum eine Art Schutzfunktion: Er will Albertine die Wahrheit nicht sofort und ungeschminkt erzählen, um bei ihr nicht wieder Verachtung, Wut oder Hassgefühle wie in ihrem Traum hervorzurufen. Aus seiner Sicht, die er etwas später auch noch revidieren wird, würde die „Traumwirklichkeit“ weniger schonungslos wirken, weniger „direkt“ als die bewusst erlebte Wirklichkeit, sonst sähe er den **Traum** nicht **als Filter** vor, der Albertine auf die Mitteilung der Wahrheit vorbereiten soll. Vorübergehend ist dies die Vorstellung Fridolins, obwohl er doch die Traumerzählung Albertines mit großer Erschütterung, teilweise auch mit Zorn aufgenommen hatte, eben weil ihm die in ihm enthaltene tiefere Wahrheit zumindest teilweise bewusst geworden war. Seine augenblickliche Auffassung von Wirklichkeit als dasjenige, was sich tatsächlich ereignet hat, erscheint ihm aber im nächsten Moment schon wieder fraglich. „Wirklichkeit? fragte er sich –“ (Z. 16). Es dämmert ihm hier schon, dass sich Wirklichkeit nicht auf das

Faktische beschränkt. Bevor er jedoch den Gedanken weiterverfolgen kann, macht er eine Beobachtung, die seinem Verhalten eine neue Richtung gibt.

Zeilen 17 bis 48 („und gewahrte [...] alles erzählen.'“):
Die Tatsache, dass Fridolin die aus Versehen nicht zurückgegebene **Maske** auf seinem Kopfkissen direkt neben Albertines Gesicht findet, hat **symbolische Bedeutung**. Eine Maske verbirgt die Gesichtszüge eines Menschen und damit auch etwas von seinem Wesen. Fridolin hatte sich neben dem Mönchskostüm eine Maske ausgeliehen, um an der Redoute in der Villa teilnehmen zu können – dies war der äußere Anlass. Mit der Maske hatte er aber auch Anonymität gewonnen, hatte geglaubt, mit ihr in Bereiche vordringen zu können, die ihm sonst verschlossen waren. Nicht umsonst hatte er sich in der Villa äußerst energisch dagegen gewehrt, die Maske abzunehmen. Er wollte fremd, inkognito bleiben – wie die anderen auch –, er wollte sich letztlich nicht als derjenige, der er wirklich war, für sein Verhalten verantworten. Sein *Ich* war zu diesem Zeitpunkt noch zu schwach, um die Kräfte des *Es* entscheidend zu drosseln. Wenn Albertine ihm nun die Maske auf sein Kopfkissen gelegt hat, dann heißt das zuerst, dass er noch einmal mit seiner eigenen verfremdeten, auch für Albertine fremd gewordenen Physiognomie konfrontiert werden soll. Doch hat sie die Maske ja auf den Platz gelegt, auf dem normalerweise das Haupt Fridolins ruht. Sie hat damit signalisiert, dass sie ihn nicht ablehnt, dass sie sich ihm zuwenden will, obwohl er ihr in vielem fremd geworden ist. Der **Platz**, auf dem die eigentlich Fremdheit versinnbildlichende Maske liegt, symbolisiert **Zuwendung**. Das merkt auch Fridolin: Nach anfänglichen Befürchtungen, was die möglichen Schlussfolgerungen Albertines hinsichtlich ihres „Fundes“ betrifft (Z. 27 ff.), schöpft er doch Hoffnung, dass sie „es“ nicht so schwer nehmen möchte und ihm verzeihen könnte. Diese Gedanken kommen in einem sehr langen und **stark verschach-**

telten Satz (Z. 31–40) zum Ausdruck. Dieser Satz kann als eine Art von syntaktischem Spiegelbild der komplizierten Gedankengänge und Gefühlsschübe angesehen werden, die Fridolin bewegen und erschüttern. Er bereitet so in gewisser Weise den plötzlichen und heftigen Gefühlsausbruch Fridolins vor: Dieser bricht weinend zusammen, er ist „mit einem Male am Ende seiner Kräfte" (Z. 41). Er verliert die Fassung, weil seine Widerstandskraft den emotionalen Wechselbädern nicht mehr standhalten kann, aber auch weil er die seelische Größe Albertines spürt, die ihm auf äußerst subtile Art gezeigt hat, dass sie manches von seinen Irrwegen ahnt und sich dennoch nicht von ihm abwendet. Der Vernunftmensch Fridolin ist zweimal innerhalb kurzer Zeit von eigenen emotionalen Aufwallungen überrascht worden: Einmal, als er das Schlafzimmer betreten hat und beim Anblick der schlafenden Albertine von einem Gefühl der Zärtlichkeit und Geborgenheit erfasst worden ist (Z. 8 f.), zum andern nun, als er, fast ungläubig, seinen nervlichen Zusammenbruch erlebt (Z. 41 ff.). Dieser Gefühlssturm – und natürlich die Maske – wirft dann auch seinen ursprünglichen Plan um, einen angeblichen Traum vorzuschieben. Er ringt sich dazu durch, Albertine „alles [zu] erzählen" (Z. 48), nachdem sie ihn mit einer liebevollen Geste aufgerichtet hat.

Zeilen 49 bis 65 („Sie hob zuerst […] wir tun, Albertine?'"):
Es folgt nun eine kurze Schilderung der Umstände, Gesten und Körperhaltungen, welche die Erzählung Fridolins einleiten und begleiten, sowie eine abschließende, Orientierung suchende Frage: „Was sollen wir tun, Albertine?" (Z. 64 f.) Inhalt und Wortlaut der Erzählung bleiben hier unberücksichtigt. Bevor Fridolin zu erzählen beginnt, fasst er die beinahe abwehrend erhobene Hand Albertines und behält sie in seiner Hand. Dieses **Zueinanderfinden der Hände** kennzeichnet sehr oft die Gespräche zwischen Fridolin und Albertine, hat also eine **leitmotivische Bedeutung**. Es **versinnbildlicht eine emotionale**

Bindung, die auch durch Enttäuschungen, Zweifel und sogar Zorn und Hassgefühle nicht nachhaltig erschüttert werden konnte.

Eines der zentralen **Leitmotive** der Novelle, das Bild der ruhig daliegenden Albertine (Z. 57 f.), charakterisiert wesentliche Komponenten ihrer Persönlichkeit, insbesondere diejenigen, die sich in der Krise bewährt haben: Selbstkontrolle, Geduld, Eigenständigkeit des Denkens. Diese Wesenszüge ermöglichen es ihr, der Stunden währenden Erzählung zu folgen, ohne ein einziges Wort zu sagen. Um Fridolin vor dem Einsetzen der Erzählung ihr Einverständnis anzuzeigen, nickt sie ihm nur zu (Z. 51), während der Erzählung unterbricht sie ihn „nicht ein einziges Mal [. . .] mit einer neugierigen oder ungeduldigen Frage" (Z. 54 ff.), und sie schweigt „noch lange" (Z. 58 f.), nachdem Fridolin seine Erzählung abgeschlossen hat. **Schweigen** erscheint hier als eine besondere Form der Aufmerksamkeit und der Zuwendung. Dies spürt Fridolin, trotzdem ist er noch unsicher; und so fragt er: „Was sollen wir tun, Albertine?" (Z. 64 f.) Er wendet sich an sie, weil er in gewisser Weise immer noch Angst vor einer ablehnenden Reaktion Albertines hat und weil er das Geschehene auch selbst noch nicht verarbeitet hat. Nie wird deutlicher als bei dieser Frage, dass Fridolin der weniger Souveräne der beiden Eheleute ist. Wie sehr er seinen Wunsch nach Bewältigung der Probleme aber mit dem Wunsch nach einem Neuanfang in der Beziehung verbindet, erkennt man an dem „wir" in seiner Frage. Sein Narzissmus scheint gebrochen.

Zeilen 66 bis 90 („Sie lächelte [. . .] der neue Tag begann"):
In ihrer Antwort auf die ängstliche Frage Fridolins differenziert Albertine zwar begrifflich zwischen den wirklichen (Fridolins) und den geträumten (ihren) Abenteuern, aber sie nimmt keine Abstufung vor, das Geschehen im Traum hat für sie das gleiche Gewicht wie die realen Begebenheiten. Wenn sie sich dankbar darüber äußert, dass beide „heil" aus den Abenteuern davon-

gekommen sind, dann meint sie die seelische Ebene: Weder die Erlebnisse selbst noch deren gegenseitige Offenlegung der Vorgänge haben nachhaltig zerstörerisch gewirkt. Im Gegenteil, beide haben über sich selbst und über den Partner beziehungsweise die Partnerin sehr viel erfahren, wovon sie bisher keine Ahnung gehabt hatten, beide sind dadurch in den Stand versetzt worden, sich besser zu verstehen, und beide können einen Neuanfang wagen, weil sie sich schließlich nicht mehr verstellt haben – wenn auch Fridolin erst unter starkem seelischem Druck –, sondern schonungslos offen zueinander waren. Die gegenseitige **Beichte** der Traum- und Nachterlebnisse ist gleichzusetzen mit einer **Verarbeitung** dessen, was im **Unbewussten** (Albertine) beziehungsweise im **vom Unbewussten gesteuerten Bewusstsein** (Fridolin) vorgegangen ist und erlitten wurde.

Mit zwei Erkenntnissen, die beinahe paradox erscheinen und in denen zu den beiden Schlüsselbegriffen **Traum** und **Wirklichkeit** noch ein dritter, **Wahrheit**, tritt, ziehen Albertine und Fridolin gleichsam Bilanz: „[...] daß die Wirklichkeit einer Nacht, ja daß nicht einmal die eines ganzen Menschenlebens zugleich auch seine innerste Wahrheit bedeutet." (Z. 71 ff.) Diese Ahnung Albertines heißt nichts anderes, als dass das innerste Wesen eines Menschen, seine Wahrheit, nicht auf das äußerlich Feststellbare, mit den Sinnen und mit der Vernunft Erfassbare reduziert werden kann, sondern mehr umfasst, so vor allem auch das *Es,* das sich in Träumen äußern kann und den unbewussten Teil der Persönlichkeit, die primären Triebe, beinhaltet. Albertine hat dies in ihrem eigenen Traum und vor allem beim Erzählen des Traums überaus nachhaltig gespürt, ebenso aber auch bei der Erzählung Fridolins. Nun ist sie sich bewusst geworden, dass das, was geschehen ist, was Fridolin gesagt und getan, immer schon gesagt und getan hat, noch lange nicht alles ist, was seinen Charakter, seine innersten Wünsche, seinen Wert insgesamt ausmacht.

Fridolin seinerseits hat begriffen, dass „kein Traum [...] völlig Traum“ ist (Z. 75 f.). Ein Traum ist nicht irgendeine beliebige Fantasie, sondern spiegelt auf indirekte Weise die Wirklichkeit eines Menschen. Im Traum artikuliert sich das Unbewusste, dessen Bedeutung allein deswegen schon so groß ist, weil hier keine Verdrängung stattfinden kann.

Albertine und Fridolin haben Einblick in diesen Bereich des Unbewussten erhalten – in den eigenen und in den der Partnerin beziehungsweise des Partners –, und sie haben das Erfahrene verarbeitet. Das macht es ihnen möglich – Albertine: „Nun sind wir wohl erwacht“ (Z. 78) –, das Durchlebte in ihre Beziehung einzuordnen und zu versuchen, verantwortungsbewusst damit umzugehen. Damit wäre eine Art von **Gleichgewicht** zwischen den sozialen Erfordernissen einer Partnerbeziehung (repräsentiert durch das *Ich*) und den Bedürfnissen des *Es* erreicht und gleichzeitig auch eine relative Freiheit von der Determination durch Konventionen oder durch Kräfte des *Es*.

Dieses Gleichgewicht ist äußerst **labil** – das weiß vor allem Albertine, die den zuversichtlicheren Fridolin mahnt: „Niemals in die Zukunft fragen.“ (Z. 83) Die Zukunft kann sowohl aufgrund von psychischen Veränderungen als auch durch Einwirkungen von außen bald wieder anders aussehen. Für den Moment erfüllt aber ein starkes Gefühl die beiden, eine neue Grundlage für ihre Beziehung gefunden zu haben. Dies signalisieren auch die sich in diesem Schlussabschnitt fortsetzenden **Gesten der Liebe** (z. B. Z. 77 f.).

Zur Wirkungsgeschichte

Seit dem mit vielen Hindernissen verbundenen Erscheinen der zehnteiligen Szenenfolge „**Der Reigen**“ (1896/97–1903) galt Arthur Schnitzler in den so genannten gebildeten Kreisen seiner Heimatstadt Wien, aber auch außerhalb Wiens und Österreichs als ein Autor, der ein bis dahin nur selten durchbrochenes Tabu verletzt hatte, weil er glaubte, das Thema **Sexualität** für die Literatur und sogar für die Bühne „salonfähig“ machen zu können. Die Empörung nach dem Druck der Szenenfolge und vor allem nach der von Sanktionen für die darstellende Bühne begleiteten Uraufführung der Szenen IV–VI war wohl auch deshalb so groß, weil die Handlungsmuster in dem Stück zu einem nicht geringen Teil die Denk- und Verhaltensmuster in der Gesellschaft widerspiegelten.

Mehr als 20 Jahre später, 1926 – der Erste Weltkrieg gehörte bereits der Vergangenheit an, die Donaumonarchie existierte nicht mehr –, sorgte das Erscheinen der im Vergleich zum *Reigen* wesentlich harmloseren „**Traumnovelle**“ immer noch für Aufsehen und Entrüstung in der Wiener Gesellschaft. Im Nachwort zu einer Ausgabe des Werks im S. Fischer Verlag (1976) bemerkt **Hilde Spiel**, dass „ein Schauer“ durch die Wiener Gesellschaft gelaufen sei, als die Novelle veröffentlicht worden war. Man habe sich empört über „das grässliche Gewürm der Lüste“, über die „Nacktheit, Geilheit, Unzucht“,[9] die den Lesern zugemutet worden seien, noch dazu in einer ihnen sehr vertrauten Umgebung. Das Aufsehen, das die *Traumnovelle* machte, war aber nur von verhältnismäßig kurzer Dauer. Nach seinem letzten wirklich großen Erfolg, der Erzählung *Fräulein Else* (1924), konnte Schnitzler, der nun zunehmend als „Dichter einer versunkenen Welt"[10] abqualifiziert wurde, das lesende Publikum nicht mehr so wie früher erreichen. Dies wirkte sich auch auf seine wirtschaftliche Situation aus, die bis zu seinem Tod, 1931, kritisch blieb. Die Aufnahme der *Traumnovelle* durch das Publikum blieb für Schnitzler letztlich unbefriedigend. Daran konnte auch das Interesse, das **Sigmund Freud** der Novelle in seinem Brief vom 25. 5. 1926 entgegenbrachte[11], nichts ändern.

Das Gesamtwerk von Arthur Schnitzler, natürlich einschließlich der *Traumnovelle*, das bei vielen seiner literarischen Zeitgenossen, beispielsweise **Hugo von Hofmannsthal**, **Karl Kraus** und **Heinrich Mann**, ein hohes Ansehen genoss, erlitt nach 1933 das gleiche Schicksal wie die Werke von vielen deutschsprachigen Autoren jüdischer Herkunft: es wurde nicht mehr in seinem Wert anerkannt, herabgesetzt – auch etwa von Landsleuten wie Heimito von Doderer – und schließlich im Zuge der von den Nationalsozialisten ins Werk gesetzten Bücherverbrennungen von 1933 symbolisch verbrannt.

Nach dem Zweiten Weltkrieg stand speziell das erzählerische Spätwerk Schnitzlers, darunter die *Traumnovelle*, lange Zeit nicht im Mittelpunkt des literarischen und literaturwissenschaftlichen Interesses. Noch 1963 stellte **Benno von Wiese** fest, die *Traumnovelle* sei, ebenso wie *Die Flucht aus der Finsternis*, in ihren „Paradoxien von Wahn und Wirklichkeit bis heute so gut wie unerschlossen".[12] Inzwischen gibt es schon einige Aufsätze und wissenschaftliche Arbeiten über die *Traumnovelle*, so von **Hertha Krothoff**, **Gerhard Kluge**, **Hilde Spiel**, **Karl Schuster** und insbesondere von **Hartmut Scheible**. In diesen Arbeiten werden vor allem die tiefenpsychologischen Dimensionen des Werks, aber auch Fragen der erzählerischen Gestaltung einer näheren Betrachtung unterzogen.

Wenn Arthur Schnitzlers erzählerisches Werk in neueren **literaturgeschichtlichen Darstellungen** eine ausführlichere Würdigung erfährt, und das ist eher selten der Fall, dann werden oft die Gespaltenheit und der Narzissmus seiner Figuren, das Fehlen einer verbindlichen Ethik, die Dominanz erotischer Themen und die Stimmung des *Fin-de-siècle* herausgestellt. Die *Traumnovelle* gerät dabei kaum einmal genauer in den Blick.

Eine Hommage der besonderen Art hat die *Traumnovelle* durch **Stanley Kubricks** meisterhafte Verfilmung „**Eyes Wide Shut**" (1999) erhalten.

Tom Cruise als Ehemann in Stanley Kubricks „Eyes Wide Shut" (1999)

Kubrick hat die Handlung in das moderne New York verlegt und der in Schnitzlers Werk zentralen Traumerzählung Albertines weniger Raum gegeben. Daneben sind auch einige weitere Akzente etwas anders gesetzt, so etwa bei den Personen – es kommt ein etwas zwielichtiger Freund der Familie dazu – und im Hinblick auf die Betonung sexueller Obsessionen. Im Übrigen hat Kubrick die von Schnitzler vorgezeichneten Seelenlandschaften und die Stimmungen an bestimmten Schauplätzen, zum Beispiel in der geheimnisvollen Villa, eindrucksvoll und spannend ins Bild gesetzt.

Der Film von Stanley Kubrick zeigt auf, wie zeitlos modern die zentralen Motive in Schnitzlers *Traumnovelle* sind. Das Urteil von **Walter Jens**, Schnitzler sei einer der „Ahnherren der modernen Literatur“ gewesen[13], findet auch durch den Film seine Bestätigung.

Literaturhinweise

In der Interpretationshilfe verwendete Textausgabe

SCHNITZLER, ARTHUR: *Traumnovelle. Die Braut.* Stuttgart: Reclam 2002 (RUB 18159).

Weiterführende Literatur

BACHMAIER, HELMUT: Schnitzler, Arthur. In: LUTZ BERND (Hrsg.) *Deutschsprachige Autoren.* Stuttgart, Weimar: Metzler 2004, S. 211 ff.

Der Autor bietet eine gut verständliche, dichte Einführung in das Werk Schnitzlers und seine entscheidenden Lebensstationen, wobei vor allem auch Schnitzlers Auseinandersetzung mit Fragen der Psychologie genauer beleuchtet wird.

KINDLERS NEUES LITERATURLEXIKON: *Traumnovelle.* München: Kindler 1988, Band 14, S. 1037 f.

Eine knappe, sehr dichte Zusammenfassung wichtiger Aspekte. Der Artikel eignet sich gut als vorbereitende Lektüre.

POLT-HEINZL, EVELYNE und CHRISTINE SCHMIDJELL (Hrsg.): *Traumreisen. Gedichte, Erzählungen, Betrachtungen.* Leipzig: Reclam 2004.

Eine aufschlussreiche und unterhaltsame Ergänzungslektüre zur *Traumnovelle.*

SCHEIBLE, HARTMUT: *Arthur Schnitzler.* Reinbek: Rowohlt, 13. Auflage 2003 (Erstausgabe 1976).

Eine alle Lebensbereiche und literarischen Stationen Schnitzlers berücksichtigende, mit zahlreichen Bilddokumenten versehene Darstellung, in der jeweils auch die gesellschaftspolitischen Hintergründe deutlich gemacht werden.

SCHEIBLE, HARTMUT: Nachwort. In: ARTHUR SCHNITZLER: *Traumnovelle. Die Braut.* Stuttgart: Reclam 2002 (RUB 18159), S. 105 ff.

Eine trotz der gebotenen Kürze sehr differenzierte Analyse tiefenpsychologischer und gesellschaftlicher Aspekte der Novelle – eine gute Arbeitshilfe für Referate und Facharbeiten.

STORR, ANTHONY: *Freud.* Freiburg, Basel, Wien: Herder 1999.

Eine übersichtliche und gut verständliche Einführung in das Leben und Werk von Sigmund Freud. Der für die Beschäftigung mit der *Traumnovelle* sehr wichtigen *Struktur des psychischen Apparats* ist ein eigenes Kapitel gewidmet.

Literaturgeschichten, die eine angemessen ausführliche Einführung in das Werk Arthur Schnitzlers bieten

LEIß, INGO und HERMANN STADLER: *Deutsche Literaturgeschichte.* München: Deutscher Taschenbuch Verlag (dtv), Band 8, 3. Auflage 2003, S. 197 ff. und 238 ff.

SOERGEL, ALBERT und KURT HOHOFF: *Dichtung und Dichter der Zeit.* Düsseldorf: Bagel 1964, Band I, S. 439 ff.

URBANEK, WALTER: *Deutsche Literatur. Das 19. und 20. Jahrhundert.* Bamberg: Buchner 1971, S. 224 f.

Anmerkungen

1 Zitiert nach SCHEIBLE, HARTMUT: Nachwort zur Reclam-Ausgabe der *Traumnovelle.* Stuttgart 2002, S. 113 f.
2 SCHEIBLE, HARTMUT: *Arthur Schnitzler.* Reinbek 2003, S. 81
3 Ebd., S. 84
4 „Couleurstudenten" sind so genannte farbentragende Studenten. Ihre Zugehörigkeit zu einer bestimmten Studentenverbindung ist an den Farben der von ihnen getragenen Mützen und/oder Bänder zu erkennen.
5 Ebd., S. 112
6 Vgl. die Abschnitte „Einführung" und „Zur Entstehungsgeschichte" dieser *Interpretationshilfe*
7 Zitiert nach SCHEIBLE: *Nachwort*, S. 113 f.
8 Vgl. ebd., S. 118
9 SPIEL, HILDE: Nachwort zur Fischer-Ausgabe der *Traumnovelle.* Frankfurt/M. 1976, S. 140 f.
10 SCHEIBLE: *Arthur Schnitzler*, S. 128
11 Vgl. ebd., S. 124
12 VON WIESE, BENNO: *Novelle.* Stuttgart 1963, S. 78
13 JENS, WALTER: *Statt einer Literaturgeschichte.* Düsseldorf, Zürich 1998, S. 288

Ihre Meinung ist uns wichtig!

Ihre Anregungen sind uns immer willkommen. Bitte informieren Sie uns mit diesem Schein über Ihre Verbesserungsvorschläge!

Titel-Nr.	Seite	Vorschlag

Bitte hier abtrennen

Die echten Hilfen zum Lernen ... **STARK**

Bitte hier abtrennen

Zutreffendes bitte ankreuzen! Die Absenderin/der Absender ist:

- ☐ Lehrer/in in den Klassenstufen: ____
- ☐ Fachbetreuer/in
  Fächer: ____
- ☐ Seminarlehrer/in
  Fächer: ____
- ☐ Regierungsfachberater/in
  Fächer: ____
- ☐ Oberstufenbetreuer/in
- ☐ Schulleiter/in
- ☐ Referendar/in, Termin 2. Staatsexamen: ____
- ☐ Leiter/in Lehrerbibliothek
- ☐ Leiter/in Schülerbibliothek
- ☐ Sekretariat
- ☐ Eltern
- ☐ Schüler/in, Klasse: ____
- ☐ Sonstiges: ____

Kennen Sie Ihre Kundennummer? Bitte hier eintragen.

Absender (Bitte in Druckbuchstaben!)

Name/Vorname

Straße/Nr.

PLZ/Ort

Telefon privat

Geburtsjahr

E-Mail

Schule/Schulstempel (Bitte immer angeben!)

Unterrichtsfächer: (Bei Lehrkräften!)

STARK Verlag
Postfach 1852
85318 Freising

15-V1P

Bitte ausfüllen und im frankierten Umschlag an uns einsenden. Für Fensterkuverts geeignet.

STARK Interpretations-hilfen und Trainingsbände

für die Oberstufe

Deutsch Interpretationen

Deutsch – Interpretationshilfen 1
Aus dem Inhalt: Goethe: *Faust, Iphigenie;* Schiller: *Maria Stuart, Wallenstein, Don Carlos;* Tieck: *Der blonde Eckbert;* E.T.A. Hoffmann: *Der goldne Topf;* Kleist: *Michael Kohlhaas, Prinz Friedrich von Homburg;* Eichendorff: *Aus dem Leben eines Taugenichts;* Büchner: *Woyzeck, Lenz;* Mörike: *Mozart auf der Reise nach Prag;* Fontane: *Effi Briest, Frau Jenny Treibel;* Hebbel: *Maria Magdalena;* Hauptmann: *Rose Bernd, Bahnwärter Thiel*
■ .... Best.-Nr. 94407

Deutsch – Vom Expressionismus bis zur Literatur der DDR
Aus dem Inhalt: Trakl: *Grodek;* Benn: *Mann und Frau gehen durch die Krebsbaracke;* Döblin: *Berlin Alexanderplatz;* Kästner: *Sachliche Romanze;* Rilke: *Der Panther;* Brecht: *Der gute Mensch von Sezuan;* Horváth: *Geschichten aus dem Wiener Wald;* Kafka: *Der Prozeß, Die Verwandlung;* H. Mann: *Der Untertan;* Musil: *Die Verwirrung des Zöglings Törleß;* Seghers: *Das siebte Kreuz;* Enzensberger: *Fremder Garten;* Bachmann: *Reklame;* Böll: *Die verlorene Ehre der Katharina Blum;* Dürrenmatt: *Die Physiker;* Frisch: *Homo faber;* Grass: *Die Blechtrommel;* Walser: *Ein fliehendes Pferd;* Weiss: *Verfolgung und Ermordung Jean Paul Marats;* Brecht: *Böser Morgen;* Biermann: *Und als wir ans Ufer kamen;* Wolf: *Kassandra*
■ .... Best.-Nr. 94408

Interpretationshilfen zu Einzellektüren:

Brecht: *Der aufhaltsame Aufstieg des Arturo Ui* .... Best.-Nr. 2400281
Brecht: *Der kaukasische Kreidekreis* .. Best.-Nr. 2400171
Brecht: *Leben des Galilei* .... Best.-Nr. 2400011
Brussig: *Am kürzeren Ende der Sonnenallee* .. Best.-Nr. 2400201
Büchner: *Dantons Tod* .... Best.-Nr. 2400121
Büchner: *Lenz* .... Best.-Nr. 2400431
Büchner: *Leonce und Lena* .... Best.-Nr. 2400261
Büchner: *Woyzeck* .... Best.-Nr. 2400041
Camus: *L'Etranger/Der Fremde* .... Best.-Nr. 2550041
Eichendorff: *Aus dem Leben eines Taugenichts* .... Best.-Nr. 2400071
Eichendorff: *Das Marmorbild* .... Best.-Nr. 2400081
Fontane: *Effi Briest* .... Best.-Nr. 2400371
Fontane: *Irrungen Wirrungen* .... Best.-Nr. 2400401
Frisch: *Homo faber* .... Best.-Nr. 2400031
Goethe: *Faust I* .... Best.-Nr. 2400511
Goethe: *Gedichte (1771–1783)* ...... Best.-Nr. 2400181
Goethe: *Die Leiden des jungen Werther* .... Best.-Nr. 2400051
Hein: *Der fremde Freund/Drachenblut* ...... Best.-Nr. 2400061
Kafka: *Der Proceß* .... Best.-Nr. 2400481
Kafka: *Die Verwandlung/Das Urteil* .. Best.-Nr. 2400141
Keller: *Romeo und Julia auf dem Dorfe* .... Best.-Nr. 2400321
Kerner: *Blueprint. Blaupause* .... Best.-Nr. 2400391
Kleist: *Michael Kohlhaas* .... Best.-Nr. 2400111
Lessing: *Emilia Galotti* .... Best.-Nr. 2400191
Lessing: *Nathan der Weise* .... Best.-Nr. 2400501
Th. Mann: *Der Tod in Venedig* .... Best.-Nr. 2400291
Th. Mann: *Tonio Kröger/ Mario und der Zauberer* .... Best.-Nr. 2400151
Nooteboom: *Die folgende Geschichte* Best.-Nr. 2400251
Sartre: *Huis clos/ Geschlossene Gesellschaft* .... Best.-Nr. 2550051
Schiller: *Don Carlos* .... Best.-Nr. 2400161
Schiller: *Kabale und Liebe* .... Best.-Nr. 2400231
Schiller: *Die Räuber* .... Best.-Nr. 2400421
Schiller: *Maria Stuart* .... Best.-Nr. 2400271
Schlink: *Der Vorleser* .... Best.-Nr. 2400101
Schneider: *Schlafes Bruder* .... Best.-Nr. 2400021
Schnitzler: *Traumnovelle* .... Best.-Nr. 2400311
Sophokles: *Antigone* .... Best.-Nr. 2400221
Storm: *Der Schimmelreiter* .... Best.-Nr. 2400381
Strittmatter: *Raabe Baikal* .... Best.-Nr. 2400241
Süskind: *Das Parfum* .... Best.-Nr. 2400091
Timm: *Die Entdeckung der Currywurst* .... Best.-Nr. 2400301
Vanderbeke: *Das Muschelessen* .... Best.-Nr. 2400331
Zweig: *Schachnovelle* .... Best.-Nr. 2400441

Deutsch Training

Training Methoden Deutsch .... Best.-Nr. 944062
Analyse von Sachtexten und Erörterung .... Best.-Nr. 944094
Abitur-Wissen Erörtern und Sachtexte analysieren .... Best.-Nr. 944064
Abitur-Wissen Textinterpretation Lyrik, Drama, Epik .. Best.-Nr. 944061
Abitur-Wissen Deutsche Literaturgeschichte .... Best.-Nr. 94405
Abitur-Wissen Prüfungswissen Oberstufe .... Best.-Nr. 94400
Deutsch 11. Klasse .... Best.-Nr. 90405
Aufsatz Oberstufe .... Best.-Nr. 84401
Kompakt-Wissen Rechtschreibung ...... Best.-Nr. 944065
Lexikon Autoren und Werke .... Best.-Nr. 944081

(Bitte blättern Sie um)